O Império Ausente

Dados Internacionais de Catalogação na Publicação (CIP)
(Câmara Brasileira do Livro, SP, Brasil)

Teixeira, Carlos Gustavo Poggio
  O império ausente : Brasil, Estados Unidos e o subsistema sul-americano / Carlos Gustavo Poggio Teixeira. – Petrópolis, RJ : Vozes, 2024.

  ISBN 978-85-326-6794-6

  1. Brasil – Relações – Estados Unidos 2. Ciência política 3. Política e governo 4. Relações internacionais I. Título.

23-187872
CDD-320

Índices para catálogo sistemático:
1. Ciência política   320

Aline Graziele Benitez – Bibliotecária – CRB-1/3129

O Império Ausente

Brasil, Estados Unidos e o subsistema sul-americano

Carlos Gustavo Poggio

EDITORA VOZES

Petrópolis

© 2014 by Carlos Gustavo Poggio Teixeira.

Traduzido e publicado em língua portuguesa, mediante acordo com Rowman & Littlefield Publishing Group, Inc.

Tradução do original em inglês intitulado *Brazil, the United States, and the South American Subsystem*, de Carlos Gustavo Poggio Teixeira, originalmente publicado por Lexington Books, um selo da The Rowman & Littlefield Publishing Groupe, Inc.

Direitos de publicação em língua portuguesa:
2024, Editora Vozes Ltda.
Rua Frei Luís, 100
25689-900 Petrópolis, RJ
www.vozes.com.br

CONSELHO EDITORIAL	**PRODUÇÃO EDITORIAL**
Diretor	Aline L.R. de Barros
Volney J. Berkenbrock	Marcelo Telles
	Mirela de Oliveira
Editores	Otaviano M. Cunha
Aline dos Santos Carneiro	Rafael de Oliveira
Edrian Josué Pasini	Samuel Rezende
Marilac Loraine Oleniki	Vanessa Luz
Welder Lancieri Marchini	Verônica M. Guedes
Conselheiros	**Conselho de projetos editoriais**
Elói Dionísio Piva	Isabelle Theodora R.S. Martins
Francisco Morás	Luísa Ramos M. Lorenzi
Gilberto Gonçalves Garcia	Natália França
Ludovico Garmus	Priscilla A.F. Alves
Teobaldo Heidemann	

Secretário executivo
Leonardo A.R.T. dos Santos

Editoração: Piero Kanaan
Revisão gráfica: Michele Guedes Schmid
Diagramação: Editora Vozes
Capa: Nathália Figueiredo

ISBN 978-85-326-6794-6 (Brasil)
ISBN 978-07-3919-277-1 (Estados Unidos)

Este livro foi composto e impresso pela Editora Vozes Ltda.

Sumário

Prefácio à edição brasileira, 7
Introdução, 11
  O argumento do livro, 14
  A ideia de América Latina, 17
  A ideia de império, 20
  Organização do livro, 26

1 – A abordagem subsistêmica regional, 29
  O foco subsistêmico regional, 30
  Definindo os subsistemas regionais: geografia e padrões de interação, 33
  Subsistemas regionais e regionalismo, 41

2 – O subsistema sul-americano, 47
  O Brasil e o subsistema sul-americano, 59
  Mudança e estabilidade subsistêmica, 64
  Explicando a ausência, 69

3 – A Doutrina Monroe e os primeiros desenvolvimentos de um subsistema sul-americano, 79
  Ação e reação: definindo o escopo da Doutrina Monroe, 81
  Os primeiros desenvolvimentos de um subsistema sul-americano, 89
  O corolário Roosevelt, 92
  O Brasil e a aliança não escrita, 97
  De ABC para B, 105
  Conclusão do capítulo, 108

4 – Os Estados Unidos e o subsistema sul-americano durante a Guerra Fria: o caso do Chile, 113

Construindo uma narrativa, 117
Os Estados Unidos e o golpe militar brasileiro, 119
O imperialismo regional do Brasil na Guerra Fria, 130
Chile e a conexão brasileira, 137
Suriname: um episódio esquecido, 158
Conclusão do capítulo, 163

5 – Negociando a Alca: o subsistema sul-americano após a Guerra Fria, 167

Nafta e Mercosul, 171
Negociando a Alca, 180
México e Argentina: um conto de duas crises, 183
O Brasil como líder de um bloco sul-americano, 192
Conclusão do capítulo, 200

Conclusões, 205

Algumas considerações teóricas, 213
Implicações teóricas, 218
Implicações políticas, 223

Posfácio, 227

Referências, 231

Prefácio à edição brasileira

Brazil, the United States, and the South American Subsystem: Regional Politics and the Absent Empire foi publicado originalmente em inglês nos Estados Unidos em 2012. Esta obra, que chega agora traduzida para o português, teve uma ótima recepção tanto na academia quanto na mídia especializada, sendo selecionada pela revista *Foreign Affairs* como um dos melhores livros de relações internacionais de 2012. O livro também foi adotado como referência em universidades internacionais, incluindo em uma das mais antigas do mundo, a Universidade de Bolonha, na Itália.

O objetivo deste livro é analisar as relações entre o Brasil e os Estados Unidos no contexto que eu classifico como subsistema regional sul-americano. Uma das principais contribuições desta pesquisa foi justamente olhar para a América do Sul não apenas como uma região, mas como um subsistema, isto é, um conceito que ilustra a ideia de países em condição de proximidade geográfica que interagem entre si de forma mais intensa e frequente do que com outros países fora do subsistema. Essa interação gera padrões de cooperação e conflito que afetam as relações entre os países do subsistema com os países fora dele.

Além disso, faço uma crítica ao conceito de América Latina para o estudo das relações interamericanas, defendendo que um quadro conceitual mais adequado seria entender essas dinâmicas por meio da perspectiva de um subsistema norte-americano (incluindo México, Caribe a América Central) e um subsistema sul-americano, ao sul do canal do Panamá. Dessa forma, este livro também busca contribuir para um debate mais qualificado e equilibrado sobre as relações interamericanas.

Uma tese central nas páginas que seguem é que o papel do Brasil é uma das chaves para compreender por que a interferência dos Estados Unidos nos assuntos sul-americanos é relativamente branda se comparado com o que ocorre no restante da América Latina, daí a ideia um tanto controversa – admito – de um império ausente. Para sustentar essa tese, este livro faz uma análise histórica de casos específicos que ilustram a atuação brasileira e norte-americana na região desde o século XVIII até os dias atuais.

Este texto foi escrito para leitores norte-americanos que costumam identificar a América Latina como uma região monolítica e homogênea. Por isso, este livro pretende desfazer alguns mitos e estereótipos sobre a realidade sul-americana e sobre o papel do Brasil. Este livro também critica a interpretação predominante nos Estados Unidos quanto à relação deles com a América Latina, a qual tende a ignorar ou subestimar a diversidade e a autonomia dos países latino-americanos. Essa interpretação não é exclusivamente dos norte-americanos, mas também é compartilhada por alguns setores da sociedade brasileira, que têm uma visão simplista ou enviesada da realidade latino-americana. Este livro, portanto, parte do princípio de que os países ao sul dos Estados Unidos são sujeitos, e não apenas objetos da história no bom e no mau sentido.

Esta tradução tem como público-alvo os leitores de língua portuguesa interessados em conhecer melhor as relações entre o Brasil e os Estados Unidos na perspectiva de um autor brasileiro escrevendo para um público leitor norte-americano. As atualizações feitas ao texto foram mínimas, mas ao final inclui um posfácio para discutir rapidamente os impactos das mudanças domésticas e internacionais que se seguiram nos dez anos posteriores à publicação deste livro. Espero que esta obra possa contribuir para ampliar o conhecimento e o debate em língua portuguesa sobre as relações entre o Brasil e os Estados Unidos no subsistema sul-americano, bem como para estimular novas pesquisas e reflexões acerca desse tema tão relevante para o presente e para o futuro do nosso país.

Introdução

O primeiro fator que os pesquisadores da política externa dos Estados Unidos em relação à América Latina devem, imediatamente, levar em consideração é a evidente disparidade de poder entre os Estados Unidos e seus vizinhos ao sul do território. Diante dessa realidade, o segundo fator deve ser evitar a tentação de traduzir esse fato indiscutível em explicações monocausais, tendo em vista as relações internacionais da América Latina. Enquanto o primeiro aspecto tem sido diligentemente observado por todos os estudos do assunto, o segundo tem encontrado mais resistência. De fato, todo evento importante na história da América Latina, da paz à guerra, da estabilidade à instabilidade, para o bem ou para o mal, pode ser atribuído a ações planejadas em escritórios em Washington sob o quadro usual de estudo das relações entre Estados Unidos e América Latina. Como um embaixador dos Estados Unidos observou certa vez: "Nós americanos tendemos a ser socialmente etnocêntricos – quase narcisistas – exagerando a influência de nossas ações positivas e negativas no mundo" (Davis, 1985, p. x). Essa perspectiva é reforçada pelo fato de que grande parte do arcabouço teórico das relações internacionais tem o foco nas grandes potências.

Mas, a realidade parece indicar que, se existe uma região na qual seria possível identificar a influência americana, essa seria a América Latina. Afinal de contas, a história mostra uma impressionante gama de intervenções militares tanto abertas quanto encobertas, anexações territoriais e outras ações que de fato mudaram decisivamente o curso dos acontecimentos nos países latino-americanos. Portanto, mesmo antes dos Estados Unidos serem descritos como um império global após o fim da Segunda Guerra Mundial, ele já podia ser caracterizado como um império regional nas Américas. Durante um período prolongado de seu relacionamento histórico, sempre que um país da América Latina era percebido como contraditório aos interesses dos Estados Unidos, Washington despachava rapidamente os fuzileiros navais ou encontrava alguém para fazer o trabalho de intervenção. No entanto, qualquer breve exame dessas ações revela um óbvio padrão geográfico concentrado ao norte do Canal do Panamá, com a vasta região sul-americana basicamente poupada do impulso imperial americano. Esse intenso envolvimento em uma metade da América Latina, em contraste com uma ausência relativa na outra metade, traduziu-se em uma profusão de estudos centrados na primeira em paralelo a uma relativa ausência de trabalhos centrados na segunda. O resultado geral é que as análises acerca das políticas dos Estados Unidos em relação à América Latina são principalmente acerca das políticas dos Estados Unidos em relação ao México, América Central e Caribe, com referências ocasionais aos países sul-americanos para dar uma impressão de homogeneidade ou, caso o pesquisador opte por se concentrar nos países sul-americanos, o quadro de investigação é muito semelhante ao usado para analisar as relações dos Estados Unidos com o resto da América Latina. Nessa última visão, as peculiaridades das relações internacionais sul-americanas são ocasionalmente reconhecidas, mas estudadas como um caso especial dentro da estrutura mais ampla de América

Latina. Em outras palavras, essas análises interpretam os diferentes níveis de envolvimento dos Estados Unidos na América do Sul como uma mera questão quantitativa.

Este livro pretende abordar essa questão, primeiro estabelecendo uma estrutura teórica para entender e investigar a América do Sul, que captura e explica a dinâmica distinta que tem caracterizado a relação dos Estados Unidos com essa região em contraste com o resto da América Latina. O aspecto mais evidente que ilustra essas diferentes dinâmicas é o fato de que, comparado ao seu envolvimento histórico no México, na América Central e no Caribe, os Estados Unidos têm sido um império relativamente ausente na América do Sul. Essa relativa ausência deve ser explicada não apenas pela análise dos fatores internos, mas também pela detecção de como dinâmicas regionais específicas ajudam a moldar os resultados das políticas externas dos Estados Unidos. Assim, o segundo objetivo desta pesquisa é demonstrar que há um padrão distinto de ações interamericanas que justificam tratar a América do Sul como um subsistema regional diferente. Em outras palavras, a América do Sul deve ser distinguida do resto da América Latina não apenas devido aos diversos padrões de relações com os Estados Unidos, mas também porque há claramente um padrão distinto de relações dentro da América do Sul, que não é capturado pelo conceito costumeiro de América Latina. O significado prático disso é que o conceito de América Latina tem uma aplicabilidade limitada no campo das relações internacionais e, portanto, sua predominância teórica muitas vezes leva a alguns erros de análise, julgamentos e, em última instância, interpretações inadequadas das políticas internas e externas da região. De fato, esta pesquisa implica que abandonar completamente o conceito de América Latina em favor da noção de um subsistema regional Sul e Norte-americano levaria a um refinamento significativo da compreensão das relações internacionais no hemisfério ocidental.

O argumento do livro

Ao rotular os Estados Unidos como um império ausente na América do Sul, este livro faz uma afirmação relativamente ousada. Afinal, as referências à América Latina como o quintal norte-americano são abundantes e os Estados Unidos, de fato, intervieram com frequência na região como um verdadeiro império. Entretanto, conforme mencionado acima, a própria noção de América Latina, quando usada para estudar fenômenos relacionados à disciplina das relações internacionais, é imprecisa. Um pressuposto central deste livro é que os pesquisadores das relações interamericanas se beneficiariam muito de uma mudança de perspectiva que substituiria a noção culturalmente definida de América Latina pelo conceito de um subsistema regional na América do Norte e outro na América do Sul. O uso teórico da ideia de América Latina, nos Estados Unidos, tende a gerar duas falácias no estudo das relações internacionais no hemisfério ocidental. Em primeiro lugar, assume que há de alguma forma um nível de integração – ou pelo menos uma variável integradora muito importante, que dá à região identificada como América Latina um grau de homogeneidade. Em segundo lugar, e como corolário do primeiro, aceita implicitamente que há um padrão de política externa dos Estados Unidos para a região, que justifica tratá-la como uma unidade coerente.

Este livro contesta ambas as reivindicações. Primeiro, demonstra que as variáveis geralmente usadas para dar homogeneidade à América Latina, tais quais cultura e nível de desenvolvimento, não são usadas uniformemente para definir outras regiões do mundo e, em qualquer caso, são em grande parte irrelevantes para fins de pesquisa das relações internacionais e regionais. Assim, quando apenas as variáveis relevantes são aplicadas, a noção de América Latina perde sua utilidade, o que implica que estudar a relação entre a América Latina e os Estados Unidos significa estudar a relação entre uma construção geopolítica fictícia e um país real. Com base na abordagem subsistêmica regional, defendo que as variáveis relevantes devem ser baseadas em geografia e em padrões de interação, e que esses critérios tendem a levar à identificação de um subsistema regional norte e sul-americano. Em segundo lugar, e seguindo essa caracterização, esta pesquisa argumenta que deve ser feita uma distinção fundamental em relação aos resultados das políticas externas dos Estados Unidos em cada um dos dois subsistemas regionais no hemisfério ocidental. Essa diferença fundamental é ilustrada pela representação que este livro faz dos Estados Unidos como um império ausente na América do Sul em comparação com ser historicamente um império muito presente no resto da América Latina.

Assim, a questão central desta pesquisa é: quais fatores explicam a ausência relativa dos Estados Unidos na América do Sul? Embora a literatura tenha obviamente notado o fato de que as políticas externas dos Estados Unidos em relação à América do Sul têm apresentado características distintas em relação ao resto da América Latina, as explicações dadas para esse fenômeno têm sido insatisfatórias, sobretudo, porque o fator central tipicamente mencionado tem sido o fato de que a América do Sul está muito distante, enquanto o México, a América Central e o Caribe estão mais próximos dos Estados Unidos. Além disso, ao mesmo tempo em que reconhece tal distinção, essa literatura também assume que não há razão para ver a América do Sul como uma região diferente. Assim, esse argumento postula que os Estados Unidos têm tido as mesmas políticas para toda a América Latina, mas como a região ao sul do Canal do Panamá é considerada pouco significativa do ponto de vista estratégico, os Estados Unidos têm dado pouca atenção à América do Sul. Esse é de fato um argumento convincente, mas embora possa explicar uma certa falta de interesse, não fornece respostas para os casos em que os Estados Unidos prestaram atenção à América do Sul e, ainda assim, o resultado foi a mesma ausência relativa de políticas imperiais. Além disso, como essa explicação sustenta que os Estados Unidos deram pouca atenção à América do Sul, os pesquisadores voltaram a seguir o exemplo e o resultado é que a ausência relativa dos Estados Unidos diante da América do Sul também foi traduzida em uma ausência relativa da América do Sul nos estudos americanos sobre a América Latina.

Este livro inverte o argumento tradicional indicado acima e afirma que a ausência relativa dos Estados Unidos na América do Sul, mesmo nos casos em que os Estados Unidos demonstraram um claro interesse na região, deve ser entendida não apenas em termos da distância entre os Estados Unidos e a América do Sul, mas também pela "proximidade" do Brasil com a América do Sul. A hipótese apresentada por este livro é que o Brasil é uma potência regional defensora do *status quo* que tem afetado os cálculos de custos e benefícios de um envolvimento mais significativo dos Estados Unidos na América do Sul. Mostra-se que, enquanto historicamente o Brasil desempenhou um papel que resultou no aumento dos benefícios de um envolvimento relativamente limitado dos Estados Unidos na região; em tempos mais recentes, ele procurou aumentar os custos de uma presença mais substancial dos Estados Unidos. Conforme este livro pretende demonstrar, essa mudança pode ser entendida não como resultado de circunstâncias domésticas particulares no Brasil, mas devido às mudanças no ambiente internacional e regional, com o objetivo estratégico regional brasileiro de preservar sua posição no subsistema sul-americano, permanecendo em grande parte invariável ao longo do tempo. Assim, o fato de a América do Sul ter sido considerada uma região de pouca relevância estratégica para os Estados Unidos é apenas parte da explicação, no sentido de ter permitido que o Brasil desempenhasse esse papel com menos recursos do que teria acontecido se a América do Sul estivesse localizada em uma região estrategicamente mais importante do ponto de vista dos interesses estadunidenses.

A ideia de América Latina

O conceito de América Latina é bastante recente em suas origens e é geralmente atribuído a alguns teóricos franceses que defendiam a ideia de uma raça latina comum, desde pelo menos o fim da década de 1830, mas particularmente na década de 1860, para dar uma justificativa ideológica ao imperialismo francês no México e legitimar uma afinidade cultural na região, da qual a França seria a protetora natural contra os anglo-saxões do Norte (Chevalier, 1966). Entretanto, estudos mais recentes[1] demonstraram que "vários escritores e intelectuais hispano-americanos – muitos deles, é verdade, residentes em Paris – usaram a expressão "América Latina" vários anos antes" (Bethell, 2010, p. 458)[2].

---

1. Em um estudo pioneiro, John Leddy Phelan afirma que o primeiro uso da expressão l'*Amérique latine* (a América Latina) foi no artigo intitulado Situation de la latinité, de L. M. Tisserand, publicado em 1861 (Phelan, 1968).

2. O cientista político João Feres Júnior (2003) defende que o primeiro uso do termo foi feito pelo poeta colombiano José María Torres Caicedo, que passou

Portanto, antes de existir a *Latin America*, havia a *Amérique Latine* e a *América Latina*. Para esses escritores, no entanto, a América Latina era sinônimo de repúblicas hispano-americanas e, portanto, o Brasil – que não só falava português, mas também era uma monarquia – não foi incluído. Da mesma forma, os brasileiros também não se consideravam latino-americanos, até porque o Brasil, por um lado, enfatizava sua identidade americana e, por outro, tinha um certo sentimento de estrangeirismo em relação aos vizinhos de língua espanhola; ou seja, não estava interessado em criar um sentimento de separação em relação aos Estados Unidos. Entretanto, com a popularização do termo nos círculos acadêmicos americanos, a ideia de que as nações ao sul dos Estados Unidos poderiam ser consideradas como parte de uma região chamada América Latina ganhou terreno e, com isso, o Brasil também foi incluído. Como Leslie Bethell argumenta, foi somente quando "América Latina se tornou Latin America" nas décadas de 1920 e 1930, mas mais particularmente após a Segunda Guerra Mundial, que o Brasil passou a ser considerado parte de uma região chamada América Latina (Bethell, 2010, p. 474). No entanto, só muito mais tarde, durante a Guerra Fria, que alguns escritores brasileiros começaram a se identificar como latino-americanos, o que era particularmente evidente entre a esquerda que procurava reforçar os laços com a Revolução Cubana, bem como estabelecer uma distância para com os Estados Unidos.

---

a maior parte de sua vida na França, em um poema chamado *Las Dos Americas* (As Duas Américas), escrito em 1856. Como o título do poema de Caicedo deixa claro, não muito diferente dos franceses, esses escritores de ascendência espanhola, porém nascidos no continente americano empregaram o conceito de América Latina para reforçar uma identidade comum nas Américas, em oposição à outra América, no caso a do Norte. De fato, Caicedo propôs uma união das repúblicas latino-americanas contra a ameaça de agressão norte-americana, que se tornou uma questão particularmente relevante após a Guerra Mexicano-americana, na década de 1840.

Nos Estados Unidos, a expressão *Latin America* pode ser encontrada na documentação oficial no fim da década de 1890 e, antes disso, o termo usado era América Espanhola ou América Hispânica. Mas, foi somente após a Primeira Guerra Mundial que a América Latina passou a ser amplamente mencionada em língua inglesa. Uma pesquisa na Biblioteca do Congresso, em Washington, DC, e na Biblioteca Pública de Nova York revelou que antes de 1900 não havia uma única publicação contendo o termo *Latin America* em seu título, enquanto entre 1900 e 1910 foram localizadas apenas duas publicações; por sua vez, entre 1911 e 1920, 23 publicações foram encontradas; ao passo que, entre 1921 e 1930, 25 publicações foram identificadas, com crescimento constante após isso até o *boom* em 1960 (Feres Júnior, 2003), quando os estudos latino-americanos ficaram em evidência nos Estados Unidos devido especialmente à Revolução Cubana. Uma interessante ilustração dos problemas associados ao conceito de América Latina, e sua luta para ser aceita como referência adequada durante os estágios iniciais de existência, pode ser vista na ocasião da fundação da *Hispanic American Historical Review*, em 1918, que foi a primeira revista nos Estados Unidos dedicada ao estudo da América Latina. Os editores consideraram a revista como *Latin American Historical Review*, mas acabaram concluindo que o termo era "ambíguo, enganoso e não científico" (Chapman, 1918, p. 17), argumentando que a noção original de "Hispania" incluía tanto a Espanha quanto Portugal.

Como foi o caso quando o termo foi empregado por intelectuais franceses e espanhóis; nos Estados Unidos, o conceito de América Latina também foi usado, por um lado, para criar a impressão de afinidade cultural entre os países ao sul do território estadunidense e, por outro lado, para criar a sensação de um abismo político-econômico entre um possível Estados Unidos desenvolvido e seus vizinhos latino-americanos ainda em desenvolvimento. Feres Júnior argumenta que a noção de América Latina, longe de ser um conceito geográfico sem valor, tem sido usada nos Estados Unidos para perpetuar e justificar uma assimetria entre as percepções do eu americano em oposição ao outro latino-americano (Feres Júnior, 2003). Para Feres Júnior, a América Latina pode ser entendida como um "conceito assimétrico, ou seja, um conceito definido em oposição a uma autoimagem coletiva e usado para nomear um outro generalizado" (2003, p. 61). De qualquer forma, desde seu início, parece claro que o conceito relativamente recente da América Latina, em suas versões em espanhol, francês e inglês, tem sido empregado não em uma base geográfica, mas em uma percepção de similaridades e diferenças culturais, a fim de estabelecer um evidente contraste em relação aos Estados Unidos. Dados os problemas de definição associados ao conceito, o fato de ser um caso único de uso generalizado de um termo para identificar uma região baseada em referências culturais, bem como suas implicações raciais, é notável que a América Latina tem sido aceita sem crítica como um conceito científico aplicado para estudar as relações internacionais do hemisfério ocidental. Tal qual os editores da revista *Hispanic American Historical Review*, há quase um século, este livro também sustenta que o conceito de América Latina é ambíguo, enganoso e não científico.

A ideia de império

Este livro faz referência aos Estados Unidos como um império ou como um país que pratica políticas imperialistas. Embora, inúmeras vezes, os Estados Unidos foram referidos como um império, a definição do que esse termo efetivamente significa nesse contexto está longe de ser uma questão resolvida[3]. De fato, império é um daqueles termos nas ciências sociais que têm sido excessivamente usados e que, ocasionalmente, adquiriram tamanha carga emocional e, como tal, perderam inevitavelmente parte de sua utilidade científica. Essa questão é especialmente controversa no contexto dos Estados Unidos, pois é um país nascido em reação a um império ultramarino e, portanto, imbuído de uma forte retórica anti-imperialista. Embora não seja o propósito deste livro oferecer uma resposta final a esse problema de definição, é importante fazer algumas observações a respeito do sentido amplo em que o termo é empregado aqui, mesmo que admitidamente usado com relativo rigor acadêmico.

Em primeiro lugar, deve ser feita uma clara distinção conceitual entre império e a noção de imperialismo. De fato, considerando a forma como os conceitos evoluíram, parece bastante razoável tratar o império e o imperialismo como dois conjuntos distintos de literatura. Um fator comum presente nos estudos sobre imperialismo é uma interpretação econômica da história, que é insuficiente para compreender os casos em que outras motivações estejam presentes[4]. Como observa Norman Etherington (1984), que escreveu um dos melhores relatos sobre o assunto, "uma enorme confusão foi gerada pelo uso de império, colonialismo e imperialismo como sinônimos. Teorias do imperialismo não eram

---

3. Os exemplos são praticamente infinitos, mas incluem: Bacevich (2002); Black (1986); Ferguson (2004); Gaddis (1997); Grandin (2006); Hendrickson (2009); Ignatieff (2003); Johnson (2004); LaFeber (1998); Lens (1971); Lundestad (1986); McCormick (1952); Riencourt (1968); Tucker; Hendrickson (1992).

4. Os estudos clássicos sobre o imperialismo, conforme o sentido moderno do conceito, incluem o trabalho pioneiro de John Hobson (1902) e o influente artigo de Vladimir Lenin (1933).

teorias do império" (1984, p. 267)[5]. Algumas pessoas podem argumentar que, como o conceito de imperialismo tem sido historicamente apropriado pela esquerda para denunciar os males do capitalismo, um esforço para separá-lo da noção mais ampla de império é uma tentativa de evitar uma contaminação ideológica. Isso não é totalmente errado e até mesmo William Appleman Williams (1980), que dificilmente poderia ser caracterizado como escritor de direita, reconhece os problemas de colocar o império e o imperialismo no mesmo balaio. Williams observa que "o problema semântico começou com a apropriação causal do imperialismo mundial, originalmente associado ao império, para descrever um conjunto evolutivo de diferentes relações entre as sociedades industriais avançadas e o resto do mundo" (1980, p. 7). Da mesma forma, George Liska (2003) observa que uma "função imperial" é distinta de "seu 'ismo' deformativo, o imperialismo agressivamente expansionista" (Liska, 2003, p. 55). Assim, não se trata meramente de evitar uma corrupção ideológica, mas de elucidar o fato de que o império e a noção convencional de imperialismo se referem, de fato, a dois conjuntos diferentes de relações. Portanto, ressalta-se que esta pesquisa é sobre o império, não sobre imperialismo.

A segunda característica importante que deve ser enfatizada com relação ao uso do termo império neste trabalho é que ele não se refere a uma entidade política, mas a um sistema de relações que pode ou não ser perseguido como uma estratégia por estados poderosos. Nesse sentido, a questão não é se os Estados Unidos é ou não um império, mas se eles buscaram ou não soluções imperiais para problemas especí-

---

5. Para bons textos sobre as teorias do imperialismo, cf.: Koebner; Schmidt (1964); Mommsen (1980); Winslow (1948).

ficos. Em outras palavras, poder é uma condição necessária, mas não suficiente para o estabelecimento de políticas imperiais e, assim, a questão passa a ser se a realidade do poder dos Estados Unidos foi ou não traduzida de forma imperial a fim de perseguir objetivos políticos específicos. Essa perspectiva é semelhante à adotada pelas análises modernas do conceito de império, tais quais George Liska (1967, 2003), Geir Lundestad (1986, 1990, 2003), Michael Doyle (1986), Alexander Motyl (1999, 2006), Alexander Wendt e Daniel Friedheim (1995). Todos esses autores definem o império não como uma entidade política, mas, antes de tudo, como um sistema – ou estrutura – de relações, o que permite ao pesquisador identificar quais Estados apresentam características imperiais e quais não apresentam. Basicamente, o tipo de relação que caracteriza um sistema imperial descrito por esses autores é aquele em que o aspecto anárquico do sistema internacional é desafiado e elementos de hierarquia entram em cena. Para Doyle (1986), que escreveu uma das obras mais relevantes sobre esse conceito, um império é um "sistema de interação" caracterizado pelo "controle da política externa e interna" (1986, p. 12), enquanto a hegemonia é caracterizada apenas pelo controle da política externa. Assim, o controle imperial é entendido como "uma forma de exercício de influência e poder assimétrico" (1986, p. 34) de um Estado para com outro. Essa distinção também foi feita por Adam Watson (1992), que distinguiu entre hegemonia, "onde um poderoso estado controla as relações externas de seus estados clientes", e o que o autor chama de domínio, "onde ele também intervém em seus assuntos domésticos" (1992, p. 123).

Uma maneira útil de diferenciar uma relação imperial de outros tipos de relações, como a hegemonia, por exemplo, é relacioná-la com os conceitos de autonomia e soberania. Enquanto esta se relaciona com a clássica concepção westfaliana em que o Estado "não está sujeito a nenhum outro Estado e tem plenos e exclusivos poderes dentro de sua jurisdição" (Hoffmann, 1987, p. 172-173), aquela pode ser entendida amplamente pela perspectiva das relações internacionais, tais quais, enquanto um Estado dependente é "um Estado sujeito a restrições limitadas a sua autonomia econômica, social e (indiretamente) política", um Estado imperializado é aquele cuja "soberania efetiva" é controlada pelo Estado imperial (Doyle, 1986, p. 12-13). Da mesma forma, um estudo recente sobre o tema do império definiu um "governo imperial" como "uma relação na qual um Estado assume algum grau de controle político soberano sobre uma política subordinada" (MacDonald, 2009, p. 81). Um Estado soberano pode gozar de mais ou menos autonomia na busca de seus objetivos na arena internacional sem necessariamente afetar sua condição de soberania. Conforme comentou Kenneth Waltz (1979), "dizer que um Estado é soberano significa que ele decide por si mesmo como vai lidar com problemas externos e internos, incluindo se vai ou não buscar auxílio de outros e, ao fazê-lo, limitar sua liberdade" (1979, p. 96). Essa limitação na liberdade a que Waltz se refere pode ser interpretada como o aspecto da autonomia, que afirma que "quanto mais limites forem impostos à sua liberdade, menor será a autonomia de um Estado" (1979, p. 96). Dado que a condição de soberania requer uma estrutura hierárquica na qual não há autoridade superior dentro de um determinado território acima do Estado que a controla, sempre que uma relação imperial é estabelecida, uma nova hierarquia é estabelecida junto e o resultado é a perda de soberania. Para

Roberto Russell e Juan Gabriel Tokatlian, que estudaram a questão da autonomia e da soberania, especificamente dentro do contexto da América Latina, o primeiro

> [...] era mais uma questão sul-americana do que latino-americana. No norte da América Latina (da qual o México, a América Central e o Caribe fazem parte), o acento foi mais sobre a questão da soberania, visto que esta região tem sido historicamente objeto de diversos usos da força pelos Estados Unidos – conquista e anexação de territórios, invasão e intervenção militar, operações encobertas etc. A América do Sul, desde a Colômbia até Argentina, por outro lado, teve uma margem relativamente maior para manobras diplomáticas, comerciais e culturais em relação a Washington. Assim, não é surpresa que a maior parte da literatura sobre o tema da autonomia tenha sido pró-aumentada na América do Sul e, mais especificamente, no Cone Sul (Russel; Gabriel Tokatlian, 2003, p. 7).

Portanto, quando este livro se refere aos Estados Unidos como um império ausente na América do Sul, não implica que esse país tenha se ausentado naquele subsistema regional particular, aliás, o que seria um disparate; mas sim, que o sistema de relações entre os Estados Unidos e a América do Sul, que poderia ser categoricamente caracterizado como de natureza imperial, não foi estabelecido. Essa observação é ainda mais pertinente quando se considera os tipos de políticas que os Estados Unidos perseguiram repetidamente no México, na América Central e no Caribe, ou seja, políticas que historicamente demonstraram características imperiais óbvias, sendo a evidência mais clara o fato de que os Estados Unidos enviaram tropas para afetar decisivamente nas políticas internas nessas regiões várias vezes durante os séculos XIX e XX, a fim de fazer valer seus interesses.

Organização do livro

Este capítulo introdutório fez referência à noção de subsistemas regionais. Esse conceito não é tão popular na literatura das relações internacionais quanto a noção de sistema internacional. Enquanto este conceito é o foco de grande parte da pesquisa na área, aquele é pouco estudado e o resultado tem provocado muita confusão conceitual e pouca utilidade científica. O capítulo 2 aborda as vantagens da abordagem subsistêmica regional, apresentando-a como uma ferramenta teórica útil para o estudo das relações internacionais em termos de superação da tradicional dualidade internacional-doméstica, que tem prevalecido nesse campo, argumentando que o nível regional pode ser visto como um terceiro nível de análise entre o nacional e o internacional. Eu defino um subsistema regional como um subconjunto do sistema internacional que reflete o resultado de padrões reais de interação – incluindo todo o espectro entre países em conflito e cooperação – em condição de proximidade geográfica. Assim, o capítulo 2 indica o que a abordagem subsistêmica regional pode explorar mais detalhadamente o aspecto da definição, enfatizando as duas variáveis necessárias e suficientes para interpretação: geografia e padrões de interação. No capítulo 3, aplico essas duas variáveis ao caso da América Latina a fim de demonstrar a existência de um subsistema sul-americano e, posteriormente, enfatizar a importância do Brasil dentro desse subsistema. Extraio do trabalho de Robert Gilpin (1981) sobre a mudança do sistema internacional e adapto sua teoria à abordagem subsistêmica regional a fim de entender quais fatores poderiam potencialmente levar à essa mudança subsistêmica regional. Munido dessa estrutura, estou então adequadamente provido para abordar a reivindicação central do livro que é o fato de os Estados Unidos terem sido um império ausente na América do

Sul. O capítulo 3 examina as habituais explanações fornecidas pela literatura para essa relativa ausência, mostrando que existe um discurso latente de ausência dos Estados Unidos na América do Sul, que não está claramente articulado. Após apresentar uma crítica a essas explicações, ofereço meu próprio ponto de vista baseado no papel do Brasil, afetando as estruturas de custos e benefícios da mudança subsistêmica para os Estados Unidos. Essa explicação básica forma a estrutura para os estudos de caso subsequentes.

Os capítulos 4, 5 e 6 são compostos de estudos de caso selecionados seguindo três critérios principais. Primeiro, se um padrão de interação fosse demonstrado, eles deveriam abranger um longo período. De fato, os capítulos cobrem um período que abrange três séculos, ou seja, desde a época da independência dos Estados latino-americanos até os últimos anos. Segundo, porque o foco é analisar o subsistema regional para explicar a continuidade e não a mudança. Com efeito, seria útil se os estudos de caso compreendessem diferentes configurações dos sistemas internacional e doméstico, a fim de demonstrar que a dinâmica do subsistema regional permaneceu relativamente constante, independentemente das variações nos outros dois níveis de análise. Assim, cada estudo de caso corresponde a uma configuração distinta do sistema internacional e da posição correspondente dos Estados Unidos nesse sistema: multipolar, com os Estados Unidos como potência regional; bipolar, com os Estados Unidos como potência global e, por fim, unipolar, com os Estados Unidos como a superpotência remanescente. Da mesma forma, além de compreender várias administrações americanas diferentes, esse longo período inclui uma ampla variação da configuração doméstica no Brasil, isto é, desde uma república recém-nascida (1889), ainda bastante influenciada pela então superada experiência monárquica passando pela ditadura militar e, finalmente, chegando a uma república democrática moderna.

Em terceiro lugar, os casos selecionados devem considerar períodos em que os Estados Unidos demonstraram claramente interesse na América do Sul, a fim de detectar como suas políticas interagiram com o subsistema sul-americano. De outra forma, se este livro se limitasse a demonstrar as ausências em termos de negligência, estaria repetindo os argumentos já existentes na literatura internacionalista. Embora cubram longos períodos a fim de apresentar uma perspectiva mais ampla e completa, cada capítulo se refere a uma política específica dos Estados Unidos na qual a América do Sul era um componente importante. Portanto, o capítulo 4 analisa a Doutrina Monroe, no século XIX; o capítulo 5 discute as ações dos Estados Unidos no Chile durante a Guerra Fria; já o capítulo 6 apresenta a proposta dos Estados Unidos para uma Área de Livre-comércio das Américas no período pós-Guerra Fria. Os estudos de caso mostram que para cada período existe uma estratégia brasileira correspondente que afeta a estrutura de custos e benefícios da presença ou ausência dos Estados Unidos. Enquanto, durante os dois primeiros períodos, o Brasil procurou aumentar os benefícios da ausência dos Estados Unidos na América do Sul; no último período, o Brasil tentou aumentar os custos de uma presença estadunidense mais significativa. Finalmente, o capítulo 7 apresenta as conclusões desta pesquisa, incluindo algumas implicações teóricas e políticas.

1
A abordagem subsistêmica regional

Tão logo a noção de sistema se tornou realidade no campo das relações internacionais, sobretudo, com a obra *Sistema e processo na política internacional*, de Morton Kaplan (2005), publicada pela primeira vez em 1957, vários pesquisadores reagiram contra a noção de que a política internacional deveria ser assumida como "total e global", e que era imperativo considerar o fato de que a política internacional frequentemente tem um "caráter não global" (Binder, 1958, p. 409), impactando, assim, na aplicação da teoria dos sistemas. A maioria desses pesquisadores era especialista em regiões e estava preocupada particularmente com a conexão entre os estudos específicos de área e a abordagem de sistemas emergentes às relações internacionais. O que derivou dessa incorporação da teoria de sistemas foi uma abordagem subsistêmica baseada em critérios regionais.

A literatura sobre subsistemas regionais (ou sistemas subordinados[6] ou sistemas internacionais parciais[7], como foram chamados) ganhou impulso nas décadas de 1960 e 1970, mas

---

6. Cf.: Binder (1958); Bowman (1968); Brecher (1963); Zartman (1967). Adicionalmente, Peter Berton (1969) usou o termo submacro para se referir aos subsistemas regionais, enquanto Michael Wallace (1975) falou sobre agrupamento de nações.

7. Cf.: Hoffmann (1963); Kaiser (1968).

perderam força com a consolidação da abordagem neorrealista no fim da década de 1970. Dessa forma, o foco no nível global e as limitações impostas pelo sistema internacional, que via no ambiente da Guerra Fria um laboratório perfeito, derrubou a abordagem regional. Após o fim da configuração bipolar, uma nova onda de estudos tomou o conceito de região como referência para análise. As razões para esse ressurgimento são geralmente atribuídas ao fato de que grandes potências tinham menos incentivos intervencionistas após o fim da Guerra Fria, o que tendia a dar às regiões mais autonomia para se desenvolverem, com um menor grau de influência externa. No entanto, essa literatura se mostrava mais preocupada com processos de regionalização baseados na cooperação e no estabelecimento de instituições e, portanto, pouco espaço foi deixado para a abordagem subsistêmica regional que havia sido desenvolvida até os anos de 1970.

O foco subsistêmico regional

O conceito de um subsistema aplicado à teoria das relações internacionais é simples: um subsistema internacional pode ser entendido como "qualquer subconjunto" (Haas, 1970, p. 105) do sistema internacional. Em geral, um subsistema pode ser considerado "um componente de um sistema maior", mas "com propriedades sistêmicas próprias" (Thompson, 1973, p. 97).

De fato, a ideia de um subsistema dentro do sistema internacional geral tem sido usada para direcionar a atenção aos diferentes conjuntos de variáveis. Por exemplo, quando Kenneth Waltz (1979) se refere ao subsistema, ele se refere aos estados-nação. Similarmente, em seu célebre ensaio sobre os níveis de análise, J. David Singer (1961) usa a noção de subsistema para se referir ao nível doméstico – a escolha seria entre "o sistema internacional e os subsistemas nacionais" (Singer, 1961, p. 78) como referência para análise. Para Morton Kaplan (2005), os subsistemas podem ser tanto atores nacionais quanto supranacionais, por exemplo as Nações Unidas. Thomas Robinson (1969) analisou o sistema comunista como um subsistema do sistema internacional maior. Um aspecto da teoria de sistemas modernos, de Niklas Luhmann, é a noção de que os subsistemas dos sistemas internacionais são funcionalmente diferenciados. Assim, os subsistemas funcionais incluiriam política, direito, economia e ciência (Albert; Hilkermeier, 2004).

Consequentemente, a escolha pelos subsistemas regionais é apenas uma entre tantas outras possibilidades de pesquisa subsistêmica nas relações internacionais. A justificativa para essa preferência se baseia na crença de que a delimitação dos subsistemas internacionais em termos de fatores regionais pode trazer contribuições significativas para a compreensão da política internacional e regional. Talvez a principal contribuição seja a superação do dualismo convencional doméstico-internacional, que moldou a maioria das pesquisas em relações internacionais, abrindo assim diferentes possibilidades de análise, dando um passo para baixo em relação ao foco neorrealista no sistema global e um passo para cima em relação ao foco liberal no sistema doméstico. Não se trata de tentar integrar ambas as teorias, mas de reconhecer a existência de um terceiro nível além dos dois habituais que são considerados por essas teorias. No entanto, ao identificar um novo local de investigação entre o Estado-nação e o sistema internacional, entre a política doméstica e a política internacional, a abordagem subsistêmica regional contém a promessa de reunir a análise da política externa e a teoria da política internacional e regional. Procura, portanto, transcender a noção de que a teoria da política externa e a teoria da política internacional são totalmente distintas, usando algumas das estruturas teóricas fornecidas pelas teorias sistêmicas das relações internacionais para gerar explicações aos resultados da política externa[8].

Assim, uma abordagem subsistêmica regional não é redutora, pois não faz referência apenas aos atributos dos para fornecer explicações. Essa abordagem é de fato sistêmica, mas seu foco principal muda do sistema global para o sistema regional. Ela não procura as fontes internas da política externa; mas sim, as fontes externas da política externa (Goldmann, 1976). A ênfase nos subsistemas regionais postula uma suposição explícita de que a geografia é importante nas relações internacionais[9]. Isso não é apenas "porque as dimensões geográficas são quase sempre significativas nas discussões sobre os empreendimentos políticos e seus resultados operacionais" (Sprout; Sprout, 1965, p. 12) e, portanto, tem um impacto na distinção acima mencionada entre decisões e resultados, mas, especialmente, porque a geografia molda uma série de ações interativas importantes, tais como "a intensidade das trocas econômicas e a probabilidade de guerra" (Katzenstein, 2005, p. 12). Além disso, conforme Hans Mouritzen (1998) argumenta, além da anarquia, a outra característica fundamental do sistema internacional é o fato de que "suas principais unidades são mutuamente não móveis" (1998, p. 5) e, embora as consequências da anarquia foram exaustivamente exploradas pela literatura de relações internacionais, as consequências da "não mobilidade" (1998, p. 5) têm sido constantemente negligenciadas. De fato, tanto as teorias de política externa quanto as teorias

---

8. Para uma defesa clássica da distinção entre as duas teorias, cf.: Waltz (1996).
9. Alguns autores fizeram referência ao poder do lugar. Cf.: Agnew; Duncan (1989); Blij (2009).

de política internacional parecem negligenciar a importância da geografia. Como resultado, a maioria das teorias sistêmicas das relações internacionais, que foram importadas de outros campos cujas unidades básicas são móveis, não levam em conta o fato de que os estados, ao contrário das empresas, por exemplo, são fixos no espaço[10]. A principal implicação dessa característica é que existe "uma clivagem entre unidade e sistema" que "significa que cada estado enfrenta um ambiente saliente específico e estável ao invés do sistema internacional como um todo" (Mouritzen, 1998, p. 8)., que Mouritzen, é coincidente com o conceito de subsistemas regionais – empregado nesta pesquisa.

Definindo os subsistemas regionais: geografia e padrões de interação

Embora outros critérios foram oferecidos para a identificação de um subsistema regional, a proximidade geográfica e as interações regulares podem ser consideradas as condições necessárias e suficientes para o processo de análise. De fato, em um artigo amplamente citado, que analisa a literatura produzida sobre sistemas regionais até o início dos anos de 1970, William Thompson (1973) concluiu que havia uma "falta de uniformidade" no conceito de subsistema regional e identificou um total de 21 atributos mencionados na literatura, que ele reduziu aos dois que foram "mais consistentemente citados" e que, afinal de contas,"implícito pelo termo subsistema regional": proximidade e interação regular (Thompson, 1973, p. 96). As outras 19 características atribuídas aos subsistemas regionais, tais quais *status* de desenvolvimento comum, grau de integração ou laços éticos, cul-

---

10. A analogia entre a teoria das relações internacionais e a microeconomia e, portanto, entre estados e empresas é famosa por Waltz (1979).

turais e históricos compartilhados, não foram consideradas necessárias nem suficientes.

Desde a publicação do artigo de Thompson (1973), não houve desafios notáveis à noção de que a proximidade e os padrões de interações são as variáveis-chave para definir um subsistema regional. O desafio mais significativo vem talvez de David Lake e Patrick Morgan, que se concentram no aspecto da segurança, abandonando tanto a geografia quanto as interações como fatores para definir um complexo de segurança regional, uma vez que são termos de externalidades de segurança compartilhados entre seus membros, sendo todos os outros critérios secundários (Lake; Morgan, 1997). No entanto, pesquisas mais recentes confirmaram o conceito de proximidade geográfica combinada com padrões de interação como condições necessárias. Douglas Lemke (2002), com base na concepção de Haas, definiu um subsistema regional em termos de "capacidade de interação militar" (2002, p. 69) dos estados, que ele afirma combinar tanto proximidade quanto interação. Para Barry Buzan e Ole Wæver, que desenvolveram a noção de complexos de segurança regional, o principal critério para definir uma região deve ser "os padrões reais de práticas de segurança" (Buzan; Wæver, 2003, p. 41). Michael Schulz Fredrik Söderbaum e Joakim Öjendal (2001) também enfatizam que um subsistema regional é caracterizado "pelos padrões de interação" (2001, p. 251) e, acrescentam, que os padrões podem ser manifestados em uma variedade de campos, tais quais o econômico, o cultural e o de segurança. Da mesma forma, Arie Kacowicz sustenta que os subsistemas regionais "são caracterizados por um conjunto de estados coexistentes na propensão geográfica como unidades inter-relacionadas que sustentam relações significativas de segurança, econômicas e políticas" (Kacowicz, 1998, p. 8).

Entretanto, como Thompson (1973) havia detectado, além da geografia e da interação, vários outros critérios foram usados por pesquisadores para identificar um subsistema regional. Talvez a alternativa mais mencionada, e aquela que até hoje parece trazer mais problemas à clareza do conceito, tenha sido a necessidade de uma identidade e cultura coletiva. Mesmo para aqueles autores que se concentram nas duas principais condições apresentadas até agora, a tentação de incluir fatores relacionados à identidade e à cultura tem sido forte. Por exemplo, depois de argumentar que um subsistema regional é caracterizado pela inter-relação entre estados em uma determinada área geográfica, Louis Cantori e Steven Spiegel (1970) definiram um subsistema regional como:

> [...] um estado, ou dois ou mais estados próximos e interativos que têm alguns laços étnicos, lingüísticos, culturais, sociais e históricos em comum, e cujo senso de identidade às vezes é aumentado pelas ações e atitudes de estados externos ao sistema (Cantori; Spiegel, 1970, p. 6-7).

Da mesma forma, Kacowicz, depois de insistir nos critérios geográficos e padrões de interações, considera necessário acrescentar que um fator importante é uma "percepção subjetiva de pertencer a uma comunidade distinta e ter uma identidade coletiva" (Kacowicz, 1998, p. 8). Hans Holm e Georg Sørensen (1995) sustentam que o conceito de região é "multidimensional" e usam a América Latina como um exemplo de "regiões de identidade" (1995, p. 2). Em nenhum desses casos é claro como o critério cultural é útil para a análise dos subsistemas regionais, exceto talvez para justificar o referencial culturalmente definido por latina na ideia de América Latina.

A noção de uma cultura ou identidade comum, ou de supostas afinidades históricas, é uma concepção errada de subsistemas regionais – e isso é especialmente relevante para o caso da América Latina. Como o próprio termo América Latina é culturalmente designado – em oposição a ser geograficamente referenciado –, ele é tão usado como qualquer outra classificação regional padrão no mundo, por exemplo Europa Oriental, África Ocidental ou Sudeste Asiático. Portanto, a tentação de justificar o tratamento da América Latina como um subsistema regional baseado em fatores culturais é imensa. Obviamente, isso só é verdade para aqueles que se preocupam em oferecer uma explicação para essa escolha estritamente cultural, já que muitos pesquisadores apenas assumem a existência de um subsistema latino-americano como uma verdade absoluta. Além da discussão sobre a questionável opção de atribuir à América Latina uma "cultura, religião, língua e raça comuns" (Agor; Suarez, 1972, p. 153), ou seja, uma identidade partilhada. Dessa forma, esses fatores apenas são objetos para análise subsistêmica regional desde que afetem os padrões de interação, já que, conforme Thompson observou, "com ênfase na interação, estas características se tornam desnecessárias, mesmo que possam estar frequentemente presentes e de algum significado" (1973, p. 99).

Se o conceito culturalmente definido para América Latina é usado para se referir a um subsistema regional, é preciso provar que ele seja de alguma forma útil, por exemplo, agrupar antes o México com o Brasil do que agrupar o México com os Estados Unidos em um subsistema regional. Se cultura e identidade forem usadas como as principais variáveis, o primeiro agrupamento faria, sem dúvida, mais sentido. Entretanto, se os padrões de interação (assim como a geografia, aliás) forem usados como fator central, os Estados Unidos e o México deveriam ser agrupados como parte de um subsistema norte-americano. O caso do México é ilustrativo porque as análises parecem supor que a inclusão do México em estudos que focalizam principalmente a América do Sul torna a noção de um suposto subsistema latino-americano mais confiável[11]. Da mesma forma, a inclusão do México e de outros países latino-americanos em um subsistema latino-americano abrangente em vez de em um subsistema norte-americano é frequentemente justificada por meio do nível de desenvolvimento. Uma vez que os Estados Unidos são definidos como um país desenvolvido e industrializado, não faria sentido agrupá-los com estados latino-americanos em desenvolvimento. Entretanto, assim como a cultura, o grau de desenvolvimento econômico não é um critério específico para a identificação de um subsistema regional. Como corretamente apontado por Thompson, "atores próximos e interativos podem ser ricos ou pobres" (Thompson, 1973, p. 101).

Assim, ao se concentrar exclusivamente na geografia e na interação, um subsistema regional é entendido aqui como um subconjunto do sistema internacional, que reflete o resultado de padrões reais de interação, incluindo todo o espectro entre os países em conflito e cooperação e entre países em condição de proximidade geográfica. Os membros do mesmo subsistema regional têm um maior grau de interação entre si em relação aos membros fora do subsistema e, como resultado, suas principais preocupações com a política externa estão dentro de seu próprio subsistema regional. Isso significa que eles geralmente procuram, antes de tudo, estabelecer uma posição dentro de seu subsistema regional antes de levar em conta sua situação no sistema internacional como

---

11. Um bom exemplo dessa ideia está na obra de Carlos Alberto Astiz (1969). A seção sobre a política externa do México obviamente se concentra em sua relação com os Estados Unidos e quase não menciona as relações do México com outros países latino-americanos. Quando o faz é principalmente Cuba, tais quais as discussões sobre a expulsão de Cuba da Organização dos Estados Americanos (OEA).

um todo – esse fato, que é comumente negligenciado por estudos focados em grandes potências, é especialmente importante quando se trata das políticas externas das potências regionais. Definir um subsistema regional apenas em termos de proximidade geográfica e padrões de interação, sem especificar um número mínimo de estados, significa que pode haver tantos subsistemas regionais como estados vizinhos que interagem entre si. De fato, pode-se prever uma série de diferentes subsistemas regionais contendo apenas dois estados, e quanto menor o número de estados, mais coerência o subsistema proposto apresenta. Mas, ao mesmo tempo, quanto maior o número de subsistemas regionais identificados, menos parcimoniosa se torna a abordagem subsistêmica. A questão de traçar limites, então, está relacionada ao equilíbrio entre a necessidade de coerência e a necessidade de parcimônia a fim de manter a utilidade do conceito de subsistema regional como uma ferramenta analítica e como um programa de pesquisa.

A definição proposta acima tem três componentes principais que merecem uma consideração cuidadosa. O primeiro é o fato de que, conforme mencionado anteriormente, um subsistema regional é um subconjunto do sistema internacional como um todo, o que significa que o sistema internacional pode ser considerado o ambiente do subsistema. Isso implica o reconhecimento de que as pressões do sistema global coexistem com as pressões do subsistema, mas este último é normalmente mais significativo para os membros de um subsistema regional. Em segundo lugar, um subsistema regional reflete padrões reais de interação, incluindo conflito e cooperação, o que implica que ele só pode ser detectado olhando para interações passadas e não medindo o potencial futuro. Um subsistema regional é concebido aqui como sendo um sistema social e, conforme James Rosenau (1963) salientou, "a interação recorrente – e, portanto, tendo determinados padrões – é a característica distintiva de um sistema social" (1963, p. 112). Isso significa que as tentativas de operacionalizar um subsistema regional em termos de, por exemplo, a "capacidade de interagir militarmente" (Lemke, 2002, p. 69), é defeituosa no sentido de que não reflete os padrões reais de interação[12]. Finalmente, a terceira característica da definição sugerida acima é o fato de que um subsistema regional inclui membros em condição de proximidade geográfica. O critério geográfico é crucial independentemente do nível de interconexão ou interdependência do sistema internacional global, uma condição que levou alguns pesquisadores a descontar a importância da geografia[13]. Além disso, a proximidade geográfica está positivamente relacionada à intensidade e às oportunidades de interação, uma vez que a distância aumenta os custos tanto do comércio quanto do conflito, por exemplo[14].

---

12. Esse critério é oferecido por Lemke (2002). O autor dá uma definição objetiva e mensurável dos subsistemas regionais com base na distância que pode ser percorrida por dia entre o "local de poder de um país de origem até o ponto mais próximo de seu parceiro diádico" (2002, p. 71) em milhas por dia e sua parcela de poder regional. Então ele calcula "qual é a potência ajustada de cada estado [para considerar a distância] nas capitais nacionais de outros estados" (2002, p. 71, acréscimo nosso). Se for menos de 50% do poder do estado local, então não é militarmente alcançável, portanto, não é considerado como parte de uma região.

13. Por exemplo, em 1969, Sigler havia declarado que o critério geográfico usado para identificar subsistemas regionais "pode não ser mais suficiente diante de uma tecnologia em grande expansão nas comunicações eletrônicas". Em vez disso, o critério que ele usava se baseava na "análise dos fluxos de notícias" (1969, p. 382).

14. Como observa John Vasquez, "a contiguidade é o maior fator que promove as interações" (1995, p. 280). Perspectivas teóricas bem conhecidas nas quais a distância variável é central para determinar as oportunidades de interações são o modelo de gravidade desenvolvido por Jan Tinbergen (1962), no caso do

Um corolário do conceito de subsistema regional é a noção de que os estados de um subsistema regional têm um grau de interdependência no sentido de que "as atividades de outros membros da região (sejam elas cooperativas ou antagônicas) são determinantes significativos de sua política externa" (Miller, 1970, p. 2)[15]. Karl Kaiser define um subsistema em termos de padrão de interação e acrescenta uma "consciência de interdependência entre as unidades participantes" (Kaiser, 1968, p. 87) como uma característica. Da mesma forma, Joseph Nye fala de uma região como sendo caracterizada por "um número limitado de estados ligados entre si por uma relação geográfica e por um grau de interdependência mútua" (Nye, 1965, p.vii). Mais uma vez, é importante lembrar que a interdependência pode envolver tanto os aspectos conflituosos quanto os cooperativos – tanto amigos como inimigos. Nesse sentido, os estados são considerados interdependentes "quando o resultado de uma interação para cada um depende das escolhas dos outros" (Wendt, 1999, p. 344). A diferença entre eles é que o destino comum não implica interação (Wendt, 1999). O aspecto de interdependência que caracteriza o nível regional é importante porque determina um pressuposto-chave da abordagem subsistêmica regional: a noção de que para vários países com uma série de questões, o cenário regional, tal qual "uma rede relativamente independente de interações políticas" (Haas, 1970, p. 100), é mais relevante do que o cenário global em ações de política externa.

---

comércio; e o gradiente de perda de força, desenvolvido por Kenneth Boulding (1962), no caso do poder militar. Para um exame mais recente sobre como a distância afeta o conflito e a cooperação, cf.: Chang; Polachek; Robst (2004).

15. Essa é uma diferença-chave entre a literatura sobre subsistemas regionais e a literatura sobre regionalismo/integração regional, conforme será apresentada neste livro.

Essa definição parcimoniosa baseada apenas em geografia e padrões de interações serve ao propósito de uma nova busca nas relações internacionais, e o campo das relações internacionais se beneficiaria significativamente se tal ideia fosse aplicada de forma mais consistente. Isso não significa que não existam outras maneiras de delimitar uma região, a depender, portanto, dos propósitos do pesquisador. Estudantes de geografia, política comparativa ou antropologia podem achar necessário escolher entre um conjunto diferente de variáveis, mas se o objetivo da análise regional é refinar o entendimento da política internacional e avançar proposições teóricas nesse campo, a abordagem subsistêmica regional parece ser um ajuste adequado. Por essa razão, pode ser útil distinguir o termo subsistema regional da noção usual de região, sendo aquele o foco de investigação das relações internacionais.

Essa distinção não é meramente formal, já que uma região não é necessariamente um subsistema regional. A perspectiva apresentada por esta pesquisa, por exemplo, é que enquanto a existência da América Latina como região pode ser justificada do ponto de vista de outras disciplinas; dentro do campo das relações internacionais, a visão de um subsistema norte e sul-americano é muito mais útil. A leitura inadequada ao fazer essa distinção tem levado a erros recorrentes de análise.

Subsistemas regionais e regionalismo

Quando os pesquisadores voltaram sua atenção para a dinâmica regional com o fim da Guerra Fria, a maioria da literatura produzida tratou de processos de regionalização, ou seja, quando os estadistas deliberadamente projetam estratégias de regionalização por meio da integração político-econômica e as formalizam em organizações regionais.

Entretanto, é importante fazer uma clara diferenciação entre instituições e organizações. Enquanto a primeira se refere às práticas sociais, a segunda é apresentada em estruturas formais com localização física, pessoal etc. A noção de um regime liberal de comércio seria um exemplo da primeira, ao passo que a Organização Mundial do Comércio (OMC) seria um exemplo da segunda. Da mesma forma, subsistemas regionais podem ser entendidos como instituições, enquanto os acordos comerciais regionais são organizações, e o primeiro pode ou não coincidir com o segundo. Essa distinção comumente negligenciada é importante porque permite ao pesquisador explorar as relações entre instituições e organizações. Portanto, pode-se argumentar que os processos empíricos observáveis que caracterizam uma determinada região são baseados em padrões reais de interação que podem ou não ser eventualmente formalizados em organizações. Em outras palavras, a formalização de um subsistema regional na forma de uma organização regional não é um fenômeno independente; mas, os dois aliados gerais seguem padrões anteriores de relacionamentos socialmente construídos. A realidade das interações precede a construção de organizações formais, o que não significa negar o fato de que o estabelecimento de organizações formais pode mais tarde afetar o padrão de interações em uma determinada área e eventualmente transformar um subsistema regional[16].

De fato, pode-se levantar a hipótese de que uma perspectiva subsistêmica regional baseada em padrões reais de interações ajuda a prever a relevância e a eficácia dos

---

16. A ideia de que as instituições regionais moldam padrões de interação é uma reivindicação central na literatura sobre integração regional. Cf.: Mansfield; Milner (1997).

esquemas regionalistas formais[17]. Conforme David Lake e Patrick Morgan, em vez de incluir o estabelecimento de instituições na definição do subsistema regional, "é preferível tratar o grau de institucionalização como uma das dimensões possíveis para uma análise mais aprofundada" (Lake; Morgan, 1997, p. 47). Cooperação é apenas um aspecto extremo de um espectro de interações no qual a outra extremidade pode ser caracterizada como conflito. Vale ressaltar que não é preocupação deste estudo analisar estratégias de integração dos estados ou levantar preocupações normativas, mas sim defender que a existência de subsistemas regionais como realidade social e como ferramenta analítica é um fator importante a ser considerado no estudo da política externa. Portanto, este livro assume que, embora possa haver alguma sobreposição entre a literatura sobre regionalismo e a literatura sobre subsistemas regionais, os dois conceitos podem e devem ser claramente distinguidos[18].

Quando essa distinção é feita, torna-se claro que enquanto a literatura sobre regionalismo surgiu após o fim da Guerra

---

17. Kupchan (1997) tem um argumento semelhante, mas em contraste com o aqui apresentado. Para ele, a noção de região está mais focada na identidade e na cooperação do que nos padrões reais de interação. Ou seja, "conceber um determinado grupo de estados como uma região pode ser uma condição prévia necessária para induzi-los a se comportar como se pertencessem a essa região e, assim, permitir-lhes compartilhar dos benefícios associados. A estrutura forma a agência. Mudança ideológica precede, e não se segue a mudanças de comportamento. Uma região é concebida, então ela passa a existir" (Kupchan, 1997, p. 211).

18. A literatura sobre processos de regionalização baseados na cooperação e no estabelecimento de instituições formais é consideravelmente grande. Em 1956, por exemplo, um pesquisador observou que essa literatura já tinha se tornado volumosa e ofereceu 30 páginas de bibliografia selecionada sobre o assunto (Padelford, 1956). Com o fim da Guerra Fria, a literatura sobre regionalismo floresceu ao mesmo tempo em que a literatura sobre subsistemas regionais diminuiu, e em muitos casos os dois conceitos foram tratados como sinônimos. Cf.: Fawcett; Hurrell (1995); Hettne; Inotai; Sunkel (1999); Hurrell (1995a); Mansfield; Milner (1998); Schulz; Söderbaum; Öjendal (2005); Solingen (1998).

Fria, a literatura sobre subsistemas regionais reapareceu silenciosa e esparsamente. Provavelmente, a mais relevante visão teórica entre os trabalhos que tomam a perspectiva subsistêmica regional para estudar a política internacional contemporânea é o desenvolvimento do conceito de complexos de segurança regional por Barry Buzan e a chamada Escola de Copenhague. Buzan adaptou grande parte da literatura inicial sobre subsistemas regionais a fim de aplicá-la especificamente ao contexto da segurança. Ele criticou, por exemplo, Cantori e Spiegel por tentar "abordar regiões em toda a agenda de relações internacionais", o que seria "muito complexo e incômodo para estabelecer um entendimento de região geralmente seguido". Assim, ao se concentrar na segurança, Buzan procura "proporcionar uma abordagem mais estreita e manejável". O problema com esse argumento é que, embora ofereça uma abordagem mais restrita, em uma primeira instância, o próprio conceito de segurança empregado por Buzan e pela Escola de Copenhague em geral é consideravelmente amplo, abrangendo a segurança militar, política, econômica, social e ambiental. Buzan caracteriza um complexo de segurança regional (CSR) como "definido por padrões duradouros de amizade e inimizade que tomam a forma de padrões subglobais e geograficamente coerentes de interdependência de segurança" (Buzan; Wæver, 2003, p. 45) e que tem um "efeito mediador [...] nas relações entre as grandes potências e os estados locais" (2003, p. 191). Consequentemente, mesmo que a proximidade geográfica seja considerada um fator importante, os autores observam que os CSR "são construídos socialmente no sentido de que são dependentes da prática de segurança dos atores" (2003, p. 48). O fato de que os CSR são "socialmente construídos" denota suas "raízes construtivistas", dado que os subsistemas regionais são "dependentes das ações e interpretações dos atores, não apenas um reflexo mecânico da distribuição do poder" (2003, p. 40). Assim, como as regiões são então definidas tanto por fatores geográficos quanto "pelos padrões reais das práticas de segurança" (2003, p. 41), torna-se claro que a perspectiva subsistêmica regional usada por Buzan é semelhante à perspectiva usada neste texto.

Talvez uma das principais razões pela qual a literatura de subsistemas regionais não tenha desfrutado da importância que merece no campo das relações internacionais seja a irregularidade na definição do que é um subsistema regional. Quando é equiparado à integração, perde significado, pois é absorvido pela literatura sobre regionalismo, que é muito maior. Por sua vez, quando se incluem outras variáveis além da geográfica e do padrão de interações, perde-se a definição de consistência, tornando-se assim pouco útil para fins teóricos. Se alguém usa variáveis culturais para definir um subsistema regional em uma área, mas usa um conjunto diferente de variáveis para outra, o resultado é tipicamente confuso conceitualmente e, portanto, perde a utilidade científica[19]. Este livro pretende ajudar a esclarecer o conceito de subsistema regional a fim de permitir sua aplicação nas atuais pesquisas desenvolvidas no campo das relações internacionais.

---

19. Por exemplo, Cantori e Spiegel (1970) argumentam que "principalmente as fronteiras políticas dividem o Leste e Europa Ocidental; as fronteiras sociais e políticas dividem a América Latina e a América do Norte; fronteiras geográficas ajudam a identificar o Oriente Médio e a dividir o Norte da África do resto da África". Os autores não explicam por que um conjunto diferente de critérios é usado para regiões diferentes (1970, p. 6).

2
O subsistema sul-americano

Conforme explicado no capítulo anterior, a proximidade geográfica e os padrões de interação constituem as variáveis necessárias e suficientes para a identificação de um subsistema regional. No hemisfério ocidental, a divisão das Américas entre um continente ao norte e outro ao sul faz parte do "esquema padrão de sete partes continentais empregado nos Estados Unidos", o que, dia a dia, forneceria provas de que o critério geográfico para o estabelecimento de um subsistema regional é cumprido. Mas, dividir e rotular o globo em continentes implica uma grande arbitrariedade e, em grande parte da América Latina, por exemplo, as Américas do Norte e do Sul estão agrupadas como um continente americano, que era de fato a visão prevalecente entre os geógrafos até o século XIX. Em todo caso, ainda que exista um grau de arbitrariedade em qualquer divisão geográfica, do ponto de vista de uma análise espacial pura, quando se olha para "os enormes triângulos das Américas do Norte e do Sul, tenuamente ligados pelo istmo panamenho" (Lewis; Wigen, 1997, p. 2-3), torna-se claro que se alguém tende a dividir as Américas em duas, o senso comum aconselharia que a linha fosse traçada no istmo panamenho em vez de no Rio Grande. De fato, em um estudo da geopolítica sul-americana, Philip Kelly descreveu a América do Norte e a América do Sul como "dois continentes americanos em grande parte desconectados" que são "ampliados por grandes distâncias, às vezes climas e topografias ásperos" (Kelly, 1997, p. 161). Ronald Steel nota que "Nova York está mais perto de Paris do que de Lima; mais perto de Atenas do que de Buenos Aires. Seattle está mais perto de Tóquio do que de Santiago. Geograficamente, a maior parte da América do Sul poderia muito bem estar em outro hemisfério, o que de fato está" (Steel, 1970, p. 186). Em suma, essa breve digressão geográfica é apenas para tornar óbvio que se o único critério usado para dividir as Américas fosse a proximidade geográfica, a noção de América Latina provavelmente não subsistiria.

O que essa discussão pretende deixar claro é que o conceito de América Latina não se baseia em considerações geográficas espaciais – embora seja frequentemente usado como um –, mas em supostas similaridades culturais. O objetivo deste livro não é desafiar a suposição de homogeneidade cultural na América Latina, mas apresentar uma crítica ao uso de variáveis culturais como fator primário para a classificação regional. Se a cultura for assumida como a variável central para a identificação de regiões para fins de análise das relações internacionais, várias – senão todas – outras regiões convencionais do mundo teriam de ser reclassificadas. Além disso, teria de ser feito um estudo sobre quais aspectos culturais são mais importantes para fins de identificação de subsistemas regionais. Se for assumido, por exemplo, que se trata de religião e língua, então faz tanto sentido dissociar os Estados Unidos do México quanto dissociar a França da Inglaterra; Egito de Israel; Índia do Paquistão e localizá-los em diferentes subsistemas regionais. No entanto, poucos pesquisadores das relações internacionais defendem que é prática e analiticamente útil fazer isso. De fato, a razão implícita pela qual não seria útil fazê-lo é exatamente porque a França e a Inglaterra, o Egito e Israel, e a Índia e o Paquistão são estados próximos e interativos e isso é o que realmente importa ao analisar as relações internacionais desses estados.

Por outro lado, alguns diriam que, embora seja correto concluir que a América Latina não se enquadre no critério geográfico, ela poderia muito bem se adequar ao critério de padrões de interação. Antes de avaliar essa afirmação, é necessário esclarecer a ideia de padrões de interação. Em sentido mais amplo, a interação é entendida como o resultado de respostas recíprocas de ação e reação (Sprout; Sprout, 1965). Nas relações internacionais, as formas de interação podem incluir, por exemplo, interações diplomáticas, políticas, sociais, econômicas, culturais e pessoais (Brecher, 1972, p. 51). Da mesma forma, os instrumentos de interação podem ser diplomáticos, psicológicos, culturais, econômicos ou militares. Essas interações podem variar em um espectro que vai do conflitual ao cooperativo. As interações conflituais incluem eventos como guerra, intervenção, bloqueio, ações clandestinas, embargos, atividades secretas de inteligência etc. Já as interações cooperativas consistem, por exemplo, de comércio, investimento de capital, ajuda, subsídios militares, transferências de armas, intercâmbio de pessoal etc. (Atkins, 1999). Essas diferentes interações "podem apresentar regularidades, ou padrões, no espaço e através do tempo, tanto na política externa de determinados estados como nas relações políticas de dois ou três ou muitos estados" (Sprout; Sprout, 1965, p. 24). Portanto, ao examinar o espectro das interações por intermédio do espaço e do tempo em uma determinada área do mundo, certas regularidades podem ser descobertas e padrões gerais podem ser identificados. Alguns estados apresentarão um grau mais elevado de interações com determinados estados em comparação aos outros. Na maioria das vezes, os estados vizinhos tenderão a exibir um grau relativamente alto de interação e é por isso que a geografia é importante. Esse alto grau de interação provavelmente criará toda sorte de interdependências entre os estados.

Os estados são considerados interdependentes "quando o resultado de uma interação para cada um depende das escolhas dos outros" (Wendt, 1999, p. 344). Por exemplo, os estados têm interdependência de segurança quando estão "juntos o suficiente para que seus títulos não possam ser considerados separados uns dos outros" (Buzan; Wæver, 2003, p. 43). Um subsistema regional é então caracterizado por maior interação – e, portanto, de interdependência – entre os estados do subsistema em relação aos estados fora do subsistema. A detecção desses padrões de interação por intermédio do espaço e do tempo ajuda o pesquisador a traçar os limites dos diferentes subsistemas regionais.

Por exemplo, Haas (1970) e Lemke (2002) se concentram no aspecto militar; Buzan e Wæver (2003), nos padrões de segurança; ao passo que Wallace (1975), nos membros de organizações internacionais. Este livro não pretende se deter na interação para desvendar essa questão de operacionalização, pois sua principal preocupação não é a análise do subsistema sul-americano em si, mas como ele interage e afeta os resultados da política externa dos Estados Unidos. Em qualquer caso, algumas observações devem ser feitas para defender a suposição da existência de um subsistema sul-americano em termos de padrões de interação. Junto com essas observações, farei uma sugestão sobre como operacionalizar a noção de padrões de interação.

O primeiro pré-requisito para operacionalizar os padrões de interação é que seja feito de forma a cobrir pelo menos um aspecto de cada ponta do espectro de interação, o que significa incluir variáveis que respondam tanto pelo conflito quanto pela cooperação. Além disso, seria útil incluir diferentes formas e instrumentos de interação, tais quais econômicos, militares e políticos. Também seria digno de nota se os dados necessários fossem facilmente disponíveis para que esse esforço de operacionalização pudesse ser alcançado. Levando em consideração essas qualificações, três variáveis poderiam ser usadas para avaliar padrões de interação: guerras e/ou conflitos armados, comércio e organizações regionais. Embora longe de refletir todas as possibilidades de ação entre os estados, essas três variáveis caracterizam três tipos importantes de interação interestadual dentro do intervalo entre conflito e cooperação. Guerras e conflitos armados representam interações conflituosas, enquanto o comércio e as organizações regionais correspondem às interações cooperativas. Além disso, essas três variáveis abrangem instrumentos e formas de interação militar, econômica e política.

Utilizando a abordagem sugerida acima, podemos ao menos indicar evidências de que existem dois padrões diferentes na América Latina, que justificam tratá-la como dois subsistemas regionais distintos. Vários autores fizeram menção às guerras na América Latina para justificar padrões de relação na extremidade conflituosa do espectro de interação. Cantori e Spiegel, por exemplo, argumentam que aquilo que eles identificam como o subsistema latino-americano era, na época, caracterizado por um baixo nível de conflito, excetuando a Guerra do Chaco entre Paraguai e Bolívia, bem como "uma variedade de disputas que incluem Peru vs. Equador, Chile *vs.* Peru e Bolívia, Argentina *vs.* Chile e Argentina vs. Brasil" (Cantori; Spiegel, 1970, p. 61). Vale ressaltar, porém, que o fato de todas as exceções mencionadas pelos autores estarem na América do Sul, isso parece ter escapado do objeto de análise. Por sua vez, Atkins menciona uma série de disputas e conflitos "inter-latino-americanos" para expressar padrões de interação conflituais. Além disso, ele faz referência à Guerra do Chaco, conflitos entre Peru e Equador; Colômbia e Peru; Equador e Peru; e Argentina e Chile. É verdade que, ao contrário de Cantori e Spiegel, ele ao menos menciona outros litígios fora da América do Sul, como as disputas entre Haiti e República Dominicana na década de 1930 e a guerra entre El Salvador e Honduras na década de 1960, bem como uma variedade de "conflitos centro-americanos" durante os anos de 1980 (Atkins, 1999, p. 325). Da mesma forma, Robert Burr fala sobre "rivalidades intra-latino-americanas" acrescentando que "acima de tudo, as nações latino-americanas estão preocupadas com rivalidades entre si" (Burr, 1970, p. 101). Ele menciona as rivalidades entre Argentina e Brasil; Paraguai e Uruguai; Chile, Peru e Bolívia; Peru e Equador; República Dominicana e Haiti; Guatemala e outros países da América Central; México e Guatemala. O que se torna óbvio desse quadro é que, apesar de ser denominado por esses autores como conflitos inter-latino-americanos, elesnão são exatamente inter-latino-americanos, mas sim, inter-sul-americanos, inter-caribenhos ou inter-centro-americanos. Isso porque não há como provar que existe um padrão de conflito na América Latina; em vez disso, esses padrões têm seguido a divisão subsistêmica aqui proposta. A razão óbvia para esse padrão é que na maioria desses conflitos – particularmente na América do Sul – houve algum tipo de disputa territorial envolvida. Esse é um exemplo inquestionável da proximidade geográfica que afeta os padrões de interação e do fato de que a geografia é o principal fator que contribui para a durabilidade dos subsistemas regionais.

Os padrões de conflito são especialmente importantes porque determinam uma sistêmica característica-chave: como um sistema é definido pela interação entre as unidades, uma mudança em uma unidade tende a causar mudanças em outras. Isso significa, por exemplo, que uma corrida armamentista causada por maiores gastos de defesa em um estado do subsistema que não é uma potência global tende a ser confinada dentro do subsistema regional. Se Honduras subitamente decidisse adquirir novas armas para modernizar seu exército, é concebível que a Bolívia ou a Argentina não estariam tão preocupadas como El Salvador e Nicarágua, por exemplo. De fato, em 2007, houve relatos sobre uma corrida armamentista na América do Sul, que não se espalhou para outros lugares da América Latina. Ao mesmo tempo em que a Venezuela começou a adquirir equipamentos militares da Rússia, o Brasil anunciou um aumento nos gastos com a defesa (Downie, 2007). Quando o Chile começou a melhorar suas forças armadas, a Bolívia, o Peru e a Argentina reagiram (Sanchez, 2007). Esse exemplo mostra claramente, conforme Robert Pastor notou, as "principais preocupações geopolíticas" dos países do subsistema sul-americano "estão umas com as outras. Muitos lutaram entre si, alguns perderam territórios para outros" (1992, p. 24). Na verdade, um pesquisador examinou as obras de 16 escritores sul-americanos no campo da geopolítica e concluiu que um tema comum entre eles era que "sua geopolítica pertence a feiras regionais e sub-regionais sul-americanas" (Kelly, 1997, p. 84)[20]. Isso torna evidente o aspecto de interdependência que é característico de um subsistema regional.

Mas demonstrar a ausência de qualquer conflito sério que seja verdadeiramente interamericano é uma tarefa rela-

---

20. Para uma análise mais completa, cf.: Pittman (1981).

tivamente simples e sem complicações já que, uma vez examinada com mais atenção, torna-se evidente por si mesma. Apesar disso, os padrões de comércio poderiam revelar um quadro diferente, já que uma investigação abrangente dos padrões de comércio exigiria olhar para cada indivíduo e avaliar a porcentagem de exportações e importações com todos os outros países do hemisfério por meio de um período razoavelmente longo. Embora essa investigação esteja além do escopo deste livro, evidências sugeridas por outros estudos parecem indicar que, se essa tarefa fosse executada, ela reforçaria a noção de dois subsistemas diferentes na América Latina e América do Norte, e esses não seriam América Latina e América do Norte, mas América do Sul e América do Norte. Por exemplo, em seu esforço classificatório, na década de 1970, para identificar regiões, Russet, ao usar apenas o critério de interdependência econômica baseada no comércio, concluiu pela existência de uma região da América do Sul e de uma região da América do Norte/Central. De fato, ele observou que a maior discrepância no hemisfério ocidental estava no comércio "onde o hemisfério era dividido em dois componentes, um agregado da América do Norte e Central, e um para a América do Sul" (Russet, 1975, p. 175). Mais tarde, Gordon Mace e Louis Bélanger examinaram os padrões de comércio no hemisfério ocidental, usando dados de 1975 a 1994. Com ajuda de uma variedade de ferramentas estatísticas, os autores concluíram que o "padrão revela claramente a relativa fraqueza da relação do Cone Sul com a América do Norte, bem como sua notável falta de laços econômicos com a América Central e o feijão caribenho" (Mace; Bélanger, 1999, p. 50-51). Além disso, ao analisar os quatro últimos anos de seus dados, eles detectaram um padrão mostrando que "o Cone Sul está desenvolvendo uma estrutura comercial regional distinta" e que "a integração do Cone

Sul na região como um todo é relativamente fraca" (Mace; Bélanger, 1999, p. 50-51). Da mesma forma, Jeffrey Schott, ao analisar os padrões comerciais específicos nas Américas, observou que "os perfis comerciais dos países do hemisfério ocidental diferem acentuadamente de um lado do Equador para o outro" (Schott, 2001, p. 92), com os países da metade norte do hemisfério geralmente muito mais dependentes dos Estados Unidos. A conclusão de Mace e Bélanger é particularmente relevante para os propósitos desta pesquisa e merece ser citada na íntegra. Eles compreendem que:

> [...] uma crescente concentração das relações comerciais em torno de dois centros principais: Na parte norte do hemisfério, Canadá, México e os países da América Central e do Caribe estão se unindo em torno dos Estados Unidos, que atua como o ímã central. Uma situação semelhante está se desenvolvendo na América do Sul em torno do eixo Brasil-Argentina (Mace; Bélanger, 1999, p. 244).

Para os autores, o futuro de qualquer esquema de integração hemisférica será determinado pela forma como esses dois centros interagem.

Além das relações conflituosas e dos padrões comerciais, a separação entre o subsistema sul-americano e o norte-americano também pode ser demonstrada em termos políticos. As análises tradicionais do surgimento do chamado Sistema Interamericano, que culminaram com a criação da Organização dos Estados Americanos (OEA), começam por distinguir duas fases: antes e depois de 1889 (Connell-Smith, 1966; Mecham, 1961). A razão é que, somente depois de 1889, com a Primeira Conferência Pan-Americana, as reuniões convocadas foram verdadeiramente interamericanas no sentido de incluir a maioria dos países latino-americanos e os Estados Unidos. Antes daquele ano, houve quatro conferências hispano-americanas (1826, 1847, 1856 e 1864), com participação limitada e sem incluir os Estados Unidos e o Brasil, trazendo poucos resultados concretos. A historiografia habitual informa que essas primeiras conferências ajudaram a estabilizar as "regras fundamentais de comportamento nacional destinadas mais tarde a se tornarem características básicas da cooperação interamericana" (Mecham, 1961, p. 46), dando assim a impressão de que o sistema interamericano foi o resultado da absorção pelos Estados Unidos de padrões de interação que haviam sido previamente estabelecidos entre os estados latino-americanos. No entanto, um exame mais atento indica a existência de dois subsistemas regionais do ponto de vista da interação política, mesmo naquela fase inicial. Por exemplo, ao focalizar as conferências hispano-americanas, essas análises ignoram que, em 1888, um ano antes da Primeira Conferência Pan-Americana, Argentina e Uruguai convocaram um Congresso Sul-americano de Direito Internacional Privado, em Montevidéu, do qual participaram também Brasil, Bolívia, Peru, Paraguai e Chile. Comentando sobre o fato de a conferência incluir apenas estados sul-americanos, o ministro das relações exteriores da Argentina a justificou com base em "seus estreitos laços de interesses políticos e comerciais e até mesmo de vizinhança. Os outros estados da América do Norte e Central ou não viriam ou viriam tarde, e talvez um deles assumisse um papel perturbador de supremacia" (McGann, 1957, p. 78). Essa frase curta expressou os dois principais componentes do subsistema sul-americano – padrões distintos de interação, dada especialmente sua vizinhança, e uma certa cautela em relação ao potencial influxo dos Estados Unidos na região.

Como a maioria das análises sobre o surgimento do Sistema Interamericano, aqueles que se concentram no estabelecimento de instituições regionais para demonstrar o grau de interação política na América Latina muitas vezes ignoram a existência de um padrão duplo. Cantori e Spiegel afirmam que "as relações latino-americanas são caracterizadas pela cooperação da variedade de alianças, como é evidenciado na Lafta e no Mercado Comum Centro-Americano" (Cantori; Spiegel, 1970, p. 61). Novamente, o que os autores apresentam como evidência de um subsistema latino-americano, na verdade confirma a noção de dois subsistemas diferentes, a primeira organização representando basicamente um esquema de integração sul-americano muito limitada, que incluía o México; enquanto a segunda era exclusivamente centro-americana. Para reforçar a noção de coesão política latino-americana, os autores acrescentam que os líderes latino-americanos haviam "se encontrado com o Presidente Johnson em Punta del Este, Uruguai, em abril de 1967, e declararam sua intenção de criar um Mercado Comum regional até 1985" (Miller, 1970, p. 70). Embora esse encontro realmente tenha ocorrido, quando se vai além de uma declaração de intenções e se examina o que realmente aconteceu após o encontro, mais uma vez se detectou que as pressões subsistêmicas regionais parecem ter contribuído para manter a América do Sul em um subsistema separado. Após a reunião com o Presidente Johnson, os estados da América Central fizeram um convite separado aos Estados Unidos para uma Conferência de Cúpula da América Central, porém o que realmente aconteceu em 1985 foi o impulso inicial para a criação de um Mercado Comum do Sul, quando o Brasil e a Argentina assinaram um acordo de cooperação que acabaria se desenvolvendo no Mercado Comum do Sul (Mercosul). De fato, conforme observou Atkins, "a prática real da integração latino-americana favoreceu as abordagens sub-regionais"

(Atkins, 1999, p. 179). A autora menciona vários esquemas de integração entre os anos de 1950 e de 1990, todos basicamente organizados em torno de duas áreas: "Circum-Caribe" e "Sul-americana" (1977, p. 179). É curioso, porém, notar que Atkins se refere à Área de Livre-comércio Norte-Americana (Alca) como um arranjo "hemisférico"[21] (1999, p. 203), embora seja claramente um arranjo norte-americano. Entretanto, como alguns autores observaram, o Nafta, na América do Norte, e o Mercosul, na América do Sul, podem ser vistos como "modelos concorrentes" de integração no hemisfério (Bernier; Roy, 1999, p. 231).

Portanto, as evidências indicam que em todas as três variáveis aqui consideradas para medir a interação entre os estados é possível detectar dois padrões diferentes de interação na região denominada América Latina. Desse ponto de vista, faz pouco sentido pensar em um subsistema latino-americano, já que a América Latina, como disse recentemente um pesquisador brasileiro, está "separada não apenas pelo Canal do Panamá, mas na verdade está dividida por interesses divergentes, laços econômicos e fatores geopolíticos conflitantes" (Bandeira, 2008, p. 18). Por outro lado, por qualquer critério de interações reais, o México, por exemplo, "pareceria ser inteiramente norte-americano" (Keohane, 2001, p. 207). Entretanto, ao se concentrar em outras variáveis, uma parcela significativa dos pesquisadores deu pouca atenção aos padrões reais de interação nas Américas. É verdade que quando os estudos focados em regiões ressurgiram após a Guerra Fria,

---

21. Outros autores compartilham a mesma visão, que parecia ser predominante na década de 1990, antes de ficar claro o fracasso da Alca. Talvez isso se deva à suposição implícita de que a América Latina é indivisível, o que significa que qualquer acordo entre os Estados Unidos e qualquer país latino-americano é logicamente hemisférico. Andrew Hurrell (1995b), p. ex., vê o Nafta como um exemplo de regionalismo hemisférico. O que o autor chama de regionalismo latino-americano é na verdade o desenvolvimento do Mercosul na América do Sul.

as desvantagens analíticas de tratar a América Latina como uma unidade coerente de análise se tornaram mais evidentes. Mesmo que atualmente pareça haver uma aceitação mais generalizada de que a América do Sul compreende um subsistema distinto, suas implicações têm de ser consideradas mais profundamente do que até agora. Reconhecer que existem fundamentos analíticos e empíricos para tratar a América do Sul como um subsistema regional distinto por direito próprio abre possibilidades únicas de pesquisa que geralmente são negligenciadas pelas abordagens costumeiras ao estudo da política internacional da América Latina.

O Brasil e o subsistema sul-americano

Compreendendo cerca da metade do território, Produto Interno Bruto (PIB) e população da América do Sul, compartilhando fronteiras com todos os países sul-americanos, exceto Equador e Chile, e tendo a segunda maior economia das Américas, o Brasil destaca-se como a espinha dorsal do subsistema regional sul-americano e é o país-chave para explicar isso. Devido ao tamanho, população e economia continentais, o Brasil – o Cone Sul – com a parte norte do continente, dando assim um certo nível de coerência ao subsistema. O Brasil conecta La Plata, os Andes e a região amazônica, e dificilmente poderia ser ignorado por qualquer país da América do Sul. Essa combinação de fatores significa que "a presença de Brasil, por vezes ameaçadora, parece imprimir uma forte impressão na política externa das outras repúblicas" na América do Sul (Kelly, 1997, p. 48). Como argumentam Buzan e Wæver, embora as diferenças entre a parte sul e a parte norte da América do Sul possam ser "marcantes o suficiente para justificar vê-las como complexos distintos, o Brasil continua sendo o eixo que mantém o subsistema regional sul-americano" (Buzan; Wæver, 2003, p. 332).

É por isso que se justifica incluir os países do norte da América do Sul no subsistema regional, particularmente depois dos anos de 1970, quando o Brasil começou a se preocupar mais em desenvolver e povoar sua parte norte. Um exemplo claro da iminente presença do Brasil na política externa dos estados do norte da América do Sul foi o fato de que, no início dos anos 1970, quando o governo militar brasileiro havia estabelecido os planos para desenvolver a região amazônica, o presidente venezuelano visitou seis países da América do Sul e sugeriu uma aliança hispano-americana contra o expansionismo brasileiro, ao mesmo tempo em que iniciou os esforços para desenvolver a região sul da Venezuela como resposta (Bond, 1981; Martz, 1977). Da mesma forma, o Pacto Andino de 1969, assinado pela Bolívia, Chile, Equador e Colômbia, ao qual se juntou a Venezuela em 1973, foi motivado em parte por um desejo de "combater o crescente poder brasileiro" na região (Ferris, 1981, p. 147). Em 1976, o Brasil propôs um tratado de cooperação com os membros do Pacto Andino como um esforço "para reduzir os temores do imperialismo brasileiro" (Bond, 1981, p. 154), que eram "particularmente [evidentes] no Peru e na Venezuela" (Roett, 1975, p. 151; acréscimo nosso).

O Pacto Amazônico foi finalmente assinado em 1978 depois que venezuelanos e peruanos se convenceram da inexistência das "intenções expansionistas do Brasil" (Ferris, 1981, p. 155). Na verdade, como John Martz argumenta, a Venezuela tem historicamente se interessado pela América Central e pelo Caribe, especialmente, devido aos interesses econômicos, mas "a integridade territorial e a segurança nacional estão necessariamente no cerne dos interesses da política externa" (Martz, 1977, p. 188), portanto, a importância dada aos países sul-americanos vizinhos (Brasil, Guiana e Colômbia) na formulação de sua política externa. Obviamente, o oposto também é verdadeiro. Por exemplo, no relatório anual de 1956, o Exército Brasileiro observou que "o desenvolvimento impetuoso da Venezuela requer atenção especial", acrescentando que a possibilidade de a Venezuela se tornar uma potência militar deveria "exigir uma lança mais forte" (Esteves, 1996, p. 334).

O foco no Brasil para fins de estudo do subsistema regional sul-americano também se justifica por razões teóricas. Se, como afirma Waltz, a abordagem sistêmica tradicional das relações internacionais deve ser "necessariamente baseada nas grandes potências" (Waltz, 1979, p. 73), segue-se que a abordagem do subsistema regional deve ser baseada também nas potências regionais. Segundo Robert Gilpin (1981), o foco do sistema internacional nas grandes potências se justifica porque o sistema geralmente tende a refletir os interesses dos atores mais poderosos, que "determinaram os padrões das interações internacionais e estabeleceram as regras do sistema" (Gilpin, 1981, p. 42-43). Em uma passagem que poderia ser melhor aplicada ao subsistema regional do que à abordagem sistêmica internacional que ele defende, Gilpin argumenta que:

> [...] os limites do sistema são definidos pela área sobre a qual as grandes potências procuram exercer controle e influência [...] os limites geográficos são importantes, pois afetam quais outros atores e considerações um Estado deve levar em conta na formulação de sua política externa (Gilpin, 1981, p. 38).

Donald Hellman também enfatizou esse ponto quando disse que o subsistema regional deve ser visto não apenas em termos de conflito e cooperação, mas também "em termos de ações e capacidades das principais potências regionais" (1969, p. 422).

Portanto, é improvável que qualquer análise do subsistema regional sul-americano que negligencie o papel do Brasil seja totalmente bem-sucedida. A história da América do Sul também mostra que a Argentina e o Chile poderiam desempenhar o papel de líderes regionais. No entanto, ao contrário do Brasil, esses países estão limitados por sua posição geográfica que tende a confinar suas preocupações a uma área mais restrita. Reconhecer o papel do Brasil como a chave para o subsistema sul-americano não implica considerar o Brasil como um *hegemon* regional, com poder para ditar o curso do subsistema conforme lhe apraz. De fato, como observou David Myers, por razões de considerações domésticas e regionais, "o Brasil está longe de ser um *hegemon* regional" (Myers, 1991, p. 226). Mas, o Brasil é e tem sido consistentemente uma potência regional, e mesmo que apenas devido ao seu tamanho, população e circunstância geográfica, esse é um fato a ser levado em consideração pela política externa dos outros estados. Da mesma forma, as escolhas e o comportamento da política externa do Brasil são importantes para determinar a dinâmica do subsistema. "Um Brasil estável tende a estabilizar o continente", escreve Kelly (1997, p. 53), e qualquer transformação radical do Brasil, como o desmembramento em países independentes menores, transformaria radicalmente o subsistema sul-americano. Da mesma forma, se o Brasil, como as repúblicas hispano-americanas, tivesse seu território fragmentado como uma forma de dívida por conta do processo de independência em relação a Portugal, a história do subsistema sul-americano muito provavelmente seria diferente.

Uma característica central do subsistema regional sul-americano é que não só os outros estados da América do Sul devem necessariamente levar o Brasil em consideração quanto às questões de conflito e cooperação, mas também, conforme será explorado mais adiante, o Brasil tem historicamente considerado a América do Sul como área privilegiada de influência. Essa suposição dos formuladores de políticas brasileiras é um fator-chave que determina os limites do subsistema. Se os limites do sistema internacional, como Gilpin argumenta, podem ser essencialmente "definidos pela área sobre a qual grandes potências procuram exercer controle e influência" (Gilpin, 1981, p. 38), isso também deveria ser verdade para os limites de um subsistema regional, que poderia então ser definido pela área sobre a qual as potências regionais procuram exercer influência. Segundo Moniz Bandeira, é a noção geopolítica da América do Sul que tem orientado efetivamente a política externa do Brasil, e não o conceito "étnico" de América Latina, que "não é coerente com seus reais interesses econômicos, políticos e geopolíticos" (Bandeira, 2009, p. 3). Por essa razão, um ex-ministro brasileiro das relações exteriores mencionou "o componente sul-americano" como um aspecto central da "identidade internacional" do Brasil (Lafer, 2000, p. 218). Assim, se os formuladores de políticas americanas têm visto ocasionalmente toda a América Latina como sua esfera de influência, seus homólogos brasileiros têm visto consistentemente ao longo da história as duas metades do hemisfério de maneira diferente – uma metade sul-americana, em que o Brasil se esforçaria para exercer influência, e uma metade norte-americana, que constituiria a esfera de influência dos Estados Unidos, na qual o Brasil se absteria, assim, de se envolver diretamente. Da mesma forma, o Brasil tentaria limitar a influência dos Estados Unidos na América do Sul.

Mudança e estabilidade subsistêmica

O foco nos poderes mais importantes do sistema também é vital para detectar e compreender os potenciais processos de mudança sistêmica. Em seu esforço proeminente de estudar a mudança política na política internacional, Gilpin distinguiu três tipos de mudança internacional: mudança de sistema; mudança sistêmica e mudança de interação. Enquanto o primeiro implica uma mudança na natureza dos atores mais importantes que compõem o sistema – por exemplo, de estados-nação a impérios ou multinacionais – a segunda é uma mudança dentro do sistema em que o foco são as mudanças relativas de poder culminando com "a substituição de uma potência dominante em declínio por um potência dominante em ascensão" (Gilpin, 1981, p. 43). Na verdade, Gilpin comenta que tanto as mudanças sistêmicas quanto as mudanças de interação envolvem alterações "nas regras e direitos incorporados no sistema" (1981, p. 42-43). De acordo com a abordagem de Gilpin, o fator central para entender a desestabilização do sistema e a mudança sistêmica é o surgimento de novos poderes e a consequente redistribuição do poder relativo no sistema como um todo. O que é central em seu argumento é a ideia de que o poder dos membros do sistema internacional muda em diferentes taxas e, assim, esse "crescimento diferencial de poder dos vários estados" é o fator mais importante para explicar a mudança sistêmica (Gilpin, 1981, p. 13). Essa teoria também pode ser aplicada em nível regional, mas enquanto Gilpin considera o sistema internacional como um todo e, portanto, deve encontrar as fontes de redistribuição de poder exclusivamente dentro dele, a abordagem do subsistema regional permite uma segunda fonte de redistribuição de poder que vem de fora.

No caso do subsistema sul-americano, o principal candidato para mudar a distribuição regional do poder exterior são os Estados Unidos, que parecem ser o único ator capaz de incorporar o subsistema sul-americano em um sistema americano abrangente. Se os Estados Unidos agissem na América do Sul da mesma forma que agiram no resto da América Latina, o conceito de um sistema regional sul-americano perderia de fato grande parte de seu fundamento analítico, pois o país norte-americano absorveria a maior parte de suas interações regionais. Há poucas dúvidas de que os Estados Unidos apresentam a capacidade de mudar o *status quo* subsistêmico na América do Sul e de afetar efetivamente a distribuição do poder no subsistema por meio de uma ação direta, seja na forma de intervenção militar, seja por intermédio de algum outro tipo de ação, a qual Cantori e Spiegel chamaram de "envolvimento politicamente significativo", que

> [...] se expressa pela posse de uma colônia; ajuda econômica ou militar produzindo uma alteração no equilíbrio de poder na região; aliança formal, envio de tropas ou qualquer acordo que faça com que o poder externo aja de forma semelhante aos tipos de ações que normalmente seriam tomadas por um país da própria região (Cantori; Spiegel, 1970, p. 26).

Para Gilpin (1981), o sistema internacional tende à estabilidade enquanto nenhum estado julgar que é lucrativo mudá-lo. Adaptando a estrutura de Gilpin ao estudo do subsistema regional, se os formuladores de políticas dos Estados Unidos em algum momento concluíssem que os benefícios de transformar o *status quo* do subsistema sul-americano superariam os custos, eles poderiam fazer isso por meio de um envolvimento político significativo. O argumento deste livro é que o Brasil afetou esse cálculo, seja aumentando os custos, seja reduzindo os benefícios das mudanças subsistêmicas para os Estados Unidos. Portanto, a estabilidade do subsistema sul-americano deve ser explicada não apenas em referência à geografia, mas também por meio da interação entre os Estados Unidos e o Brasil, o que contribuiu para manter os Estados Unidos como um império ausente na América do Sul, em contraste com outras regiões da América Latina. Daí decorre que o presente, o passado e pelo menos o futuro próximo do subsistema sul-americano depende em grande parte da relação existente entre os Estados Unidos e o Brasil. Em outras palavras, a estrutura do subsistema sul-americano afeta os resultados das políticas externas dos Estados Unidos, mas não os determina e, dependendo de como as interações entre os Estados Unidos e o Brasil se desenvolvam, essa estrutura pode ser alterada, seja porque os Estados Unidos podem estar dispostos a pagar os custos da mudança, seja porque o Brasil pode não estar disposto a afetar os cálculos dos Estados Unidos.

Um pressuposto importante deste livro é que, à medida que um subsistema regional se desenvolve, os estados regionalmente influentes valorizam a sua posição no subsistema e, assim, manter a integridade do subsistema, reduzindo as oportunidades de penetração externa, o que poderia, no limite, provocar uma mudança subsistêmica, se a distribuição regional fosse substancialmente afetada. Como seu foco principal é geralmente regional e não global, as potências regionais tendem a concentrar sua atenção principalmente em seus próprios subsistemas regionais. Assim, ao mesmo tempo, esses estados adotam estratégias para manter sua influência dentro do subsistema e trabalham ora para limitar a influência de fora ora para moldar essa influência conforme os próprios interesses. A capacidade das potências regionais de restringir a penetração externa é obviamente limitada pela relação de poder entre elas e as potências externas, mas elas podem ser bem-sucedidas se criarem condições que reduzam o incentivo ou a oportunidade de penetração externa, afetando assim a estrutura de custos e benefícios da mudança subsistêmica. Da mesma forma, também podem ser incapazes ou ineficientes de afetá-la, caso em que a influência externa pode levar a mudanças subsistêmicas. Estados fracos dentro do subsistema também podem negociar com poderes externos para melhorar suas próprias posições, mas geralmente têm pouco a ganhar ignorando completamente as pressões dos estados vizinhos mais poderosos.

Devido à situação geográfica privilegiada na América do Sul, o Brasil tem sido uma "potência quintessencial do *status quo*" (Kacowicz, 1998, p. 90), o que significa que teve muito a ganhar mantendo a estabilidade do subsistema. O argumento aqui proposto é que o Brasil, o qual historicamente tem demonstrado "um forte interesse na estabilidade regional" (Buzan; Wæver, 2003, p. 90), tem manipulado com sucesso a estrutura de custos e benefícios da mudança subsistêmica para os Estados Unidos de duas formas principais. Primeiro, reduzindo os benefícios da mudança subsistêmica, agindo como um "estado sub-hegemônico" (Francis; Power, 1990) ou um "estabilizador hegemônico" (Buzan; Wæver, 2003, p. 313) em nível regional, antecipando o papel que poderia ser desempenhado pelos Estados Unidos e, consequentemente, reduzindo as oportunidades e incentivos para a interferência dos Estados Unidos. Aliás, assim como o Brasil, os Estados Unidos também têm sido uma potência em *status quo*, quando se trata da América Latina em geral e da América do Sul em particular, uma vez que tem havido "uma congruência de interesse dos Estados Unidos e do Brasil na estabilidade da região" (Gorman, 1979, p. 70), apesar de ocasionais divergências de interesses. Assim, enquanto as explicações padrão para a estabilidade relativa da América do Sul argumentariam que "a hegemonia americana silencia um conflito real" (Cantori; Spiegel, 1970, p. 59-60), esta pesquisa adota uma abordagem diferente. Como disse um observador no fim dos anos de 1970:

> Não foi a intercessão dos Estados Unidos, mas a diplomacia do poder brasileira, que parece ser o maior responsável até o momento pela prevenção do surto de violência na região. Se isto for verdade, pode haver alguma base para começar a pensar nas relações sul-americanas em termos de um equilíbrio de poder regional (no qual o Brasil desempenha o papel de equilibrista) em vez de no quadro mais convencional da hegemonia norte-americana (Gorman, 1979, p. 53).

Portanto, o Brasil tem desempenhado na América do Sul – embora essencialmente por outros meios – um papel semelhante ao dos Estados Unidos em outras partes da América Latina, o que explica em parte por que as intervenções militares dos Estados Unidos em nome de uma busca de estabilidade poderiam ser regionalmente restritas ao norte do Panamá. Por outro lado, o Brasil tentou aumentar os custos da mudança subsistêmica, aumentando os incentivos para outros estados participarem do subsistema e, ao mesmo tempo, evitando desempenhar abertamente o papel sub-hegemônico. Essa é tanto uma decisão consciente dos formuladores de políticas brasileiras quanto um reflexo dos meios limitados do Brasil para ser uma potência hegemônica. Ambas as estratégias – diminuindo os benefícios e aumentando os custos da mudança subsistêmica – têm sido usadas simultaneamente para afetar a rentabilidade da mudança, mas a primeira foi mais evidente durante a Guerra

Fria, enquanto a segunda se tornou preeminente depois dos anos de 1980. Os casos – apresentados para estudo nos próximos capítulos – explorares argumentos.

Logo, o aspecto dos padrões de interação do subsistema sul-americano é caracterizado tanto por padrões distintos de cooperação e conflito dentro do subsistema quanto por uma relativa ausência dos Estados Unidos em comparação com o resto da América Latina. Ambos os fatores estão inter-relacionados e contribuem para manter a América do Sul como um subsistema regional separado. Embora o primeiro já fora enfatizado, esta pesquisa se concentrará no segundo. O principal objetivo é demonstrar que a interação resultante entre os Estados Unidos e o subsistema regional sul-americano não levou a uma mudança subsistêmica na América do Sul, o que significaria sua incorporação direta a um subsistema latino-americano ou americano. Em outras palavras, este livro pretende explicar o notável grau de estabilidade do subsistema sul-americano e defender a força analítica de tratar a América do Sul como um subsistema regional separado a fim de avaliar e, possivelmente, prever os resultados de determinadas iniciativas de política externa dos Estados Unidos para a região.

Explicando a ausência

Evidentemente, muitos autores notaram a relativa ausência dos Estados Unidos na América do Sul em comparação com o resto da América Latina. Esses autores se concentram geralmente no aspecto mais manifesto dessa diferença: a falta de intervenção militar unilateral direta dos Estados Unidos ao sul do Panamá. Dois conjuntos básicos de explicações são geralmente fornecidos para interpretar isso. O primeiro seria o fato de a América do Sul estar muito distante ou ter pouco significado estratégico, já o segundo seria o fato de os estados sul-americanos serem mais estáveis do que outros países da América Latina. Tipicamente, a noção combinada desses dois fatores – proximidade e instabilidade política – Estados Unidos na América Central e no Caribe em contraste com a América do Sul. Por exemplo, Pastor (2019) argumenta que a "proximidade, vulnerabilidade e instabilidade" da América Central e do Caribe são as três características que "tornam a região de especial preocupação para os Estados Unidos" (Pastor, 2019, p. 23). Para Harold Molineu, existem "óbvios interesses de segurança" que surgem "fora da região próxima" (Molineu, 1990, p. 10). Ronald Steel afirma que, enquanto o Caribe é de interesse imediato, algumas nações da América do Sul "estão duas vezes mais distantes dos Estados Unidos do que a Europa" e, portanto, poderiam ser consideradas "irrelevantes" para a segurança dos Estados Unidos (Steel, 1970, p. 195). David Myers vê a América do Sul como menos sujeita à influência americana em geral, devido à "maior dificuldade de projetar o poder militar, diplomático e econômico norte-americano em uma arena maior, mais populosa e geograficamente distante" (Myers, 1991, p. 244). A noção de "proximidade geográfica" como "o fator mais importante" na explicação do envolvimento dos Estados Unidos na América Central e no Caribe também está presente em estudos mais recentes (Greentree, 2008, p. 22)[22]. David Healy e Thomas Leonard destacam a busca pela estabilidade como a principal característica das ações dos Estados Unidos na América Central

---

22. Da mesma forma, Crandall (2006) explicou essa diferença de envolvimento pelo fato de que "a América Central e o Caribe estão muito mais próximos" (2006, p. 11) do que a América do Sul, enquanto O'Brien (2007) observa que "a maioria das nações da América do Sul eram grandes e ficavam a uma distância considerável das fronteiras dos Estados Unidos" (2007, p. 106).

e no Caribe (Healy, 1988; Leonard, 1991). Da mesma forma, para Molineu, "a constante busca de estabilidade por si mesma pode ser o denominador comum na compreensão da definição dos interesses dos Estados Unidos na América Latina" (Molineu, 1990, p. 10). Louis Perez Jr. observa que parte dos americanos viram a presença dos Estados Unidos no Caribe como necessária para trazer "estabilidade política e responsabilidade fiscal" (Perez Jr., 1982, p. 171).

Da perspectiva apresentada por esta pesquisa, há três aspectos principais dessas abordagens que merecem uma consideração especial. O primeiro é que, ao enfocar como a proximidade geográfica afeta as interações entre os Estados Unidos e os dois diferentes subsistemas na América Latina, essas abordagens reconhecem implicitamente a existência de um subsistema distinto de um subsistema sul-americano. Entretanto, como isso é apenas implícito, a pesquisa é incapaz de explorar as consequências dessa separação e de ir além de uma ênfase excessiva na América Central e no Caribe. De fato, parece evidente que a esmagadora maioria dos trabalhos sobre as relações Estados Unidos-América Latina são trabalhos sobre as relações dos Estados Unidos com o México, América Central e Caribe, com referências ocasionais a um ou outro Estado sul-americano apenas para dar a impressão de cobrir toda a região. Como a América do Sul é considerada distante demais, irrelevante do ponto de vista estratégico ou minimamente estável, ela não merece nenhum tratamento analítico mais profundo por parte de especialistas em política externa dos Estados Unidos. Em outras palavras, estudar uma região em que os Estados Unidos têm sido um império ausente é muito menos interessante do que olhar para as instâncias onde o impulso imperial tem estado muito presente. Assim, o resultado da ausência relativa dos Estados Unidos na América do Sul resulta em uma ausência da América do Sul no estudo da política externa dos Estados Unidos.

O segundo aspecto que merece consideração está intimamente relacionado ao primeiro. Conforme mencionado, a proximidade geográfica e a instabilidade são frequentemente mencionadas como as principais razões pelas quais os Estados Unidos têm se envolvido menos na América do Sul em comparação com o resto da América Latina, mas com ênfase maior nos estados – considerados por eles – instáveis da América Central e Caribe, direcionando pouca atenção aos supostamente mais estáveis estados sul-americanos. Embora a distância geográfica seja autoexplicativa, as fontes de estabilidade ou instabilidade não são um fato imutável e permanente da natureza e, portanto, devem ser explicadas. Além disso, embora a distância geográfica seja definitivamente uma explicação sólida para a falta de envolvimento na América do Sul até por volta das duas primeiras décadas do século XX, quando os Estados Unidos não tinham uma projeção real de poder na região e tiveram que competir com uma forte presença europeia, ela se torna menos convincente depois que os Estados Unidos se tornaram uma potência global. Afinal, a distância geográfica não os impediu de empregar ocasionalmente políticas imperiais em diferentes partes do globo.

Finalmente, o terceiro aspecto das explicações mencionadas acima é que, na melhor das hipóteses, elas podem explicar uma suposta falta de interesse dos Estados Unidos em relação à América do Sul. No entanto, o poder explicativo dessas abordagens não está apto a elucidar os casos em que os Estados Unidos demonstraram um claro interesse na América do Sul e, no entanto, o resultado real continua sendo uma relativa ausência. Faltando uma abordagem teórica adequada para explicar esses casos, os autores frequentemente tentam encaixar suas interpretações dentro da estrutura usual Estados Unidos-América Latina, em que eventos diferentes pertencentes a subsistemas regionais distintos são vistos como equivalentes. Isso é especialmente evidente em um caso em particular, no qual os Estados Unidos demonstraram claramente um interesse em eventos sul-americano, e que acabou por se tornar o evento mais mencionado por qualquer pesquisador que tenta demonstrar um suposto padrão coerente de intervenção dos Estados Unidos na América Latina, no caso, o golpe militar chileno de 1973. Ao fazer referência ao caso chileno juntamente com uma série de intervenções dos Estados Unidos na América Central e Caribe, aqueles que se propõem a analisar a política externa americana em relação à América Latina se sentem satisfeitos e aliviados por terem encontrado um caso para demonstrar um padrão consistente para toda a região e, portanto, são livres para se concentrarem em aspectos considerados mais importantes.

Portanto, os casos estudados nos próximos três capítulos abordarão esses três aspectos sob a perspectiva subsistêmica regional, a fim de resolver suas deficiências. Em primeiro lugar, ao fornecer uma estrutura para o estudo das relações internacionais da América do Sul, esta pesquisa pretende chamar a atenção para uma importante região do hemisfério que é comumente negligenciada pela maioria dos estudos sobre as relações Estados Unidos-América Latina pelo fato de que os Estados Unidos não têm sido tão ativos na América do Sul como têm sido historicamente em outras regiões da América Latina. Em outras palavras, ao fornecer explicações para a relativa ausência dos Estados Unidos na América do Sul, esta pesquisa procura superar a relativa ausência da América do Sul nos estudos dos Estados Unidos sobre a América Latina. Isso é especialmente relevante dado o crescente interesse no Brasil como uma potência importante na configuração evolutiva do sistema internacional[23]. Em segundo lugar, ao considerar razões além do mero distanciamento geográfico e da falta de interesse, esta pesquisa pretende fornecer explicações alternativas para a ausência dos Estados Unidos, bem como abordar a questão da aparente estabilidade da América do Sul em comparação com as outras regiões da América Latina. E, por último, ao focar em estudos de casos particulares quando os formuladores de políticas dos Estados Unidos demonstraram um claro interesse na América do Sul, este livro pretende oferecer explicações para o resultado real das iniciativas americanas. Em seu estudo pioneiro sobre subsistemas regionais, Binder (1958) comparou a energia extrarregional aos raios de luz que foram refratados quando projetados em subsistemas regionais. Da mesma forma, o objetivo desta pesquisa é ajudar a entender como a energia dos Estados Unidos é refratada quando projetada no subsistema sul-americano.

Talvez a maior baixa trazida pela perspectiva subsistêmica regional aplicada à América do Sul seja a abordagem comumente adotada do *hegemon* americano na América Latina como explicação polivalente para a política internacional do hemisfério ocidental. Em termos de interpretação, essa abordagem equipara, por exemplo, o golpe de 1954 da Guatemala com o golpe de 1973 do Chile como eventos equivalentes, sendo ambos exemplos de países que "foram incapazes de romper com o domínio dos Estados Unidos" (Mares, 1988, p. 454). O enfoque tradicional nos Estados Unidos faz lembrar a abordagem sistêmica global convencional das rela-

---

23. Sobretudo após a elaboração dos Brics, grupo formado por Brasil, Rússia, Índia, China e África do Sul, cujo acrônimo foi criado por Jim O'Neill (2001).

ções internacionais. Porém, fora dos limites do subsistema norte-americano – ou seja, em subsistemas regionais em que os Estados Unidos são uma potência externa, e não um membro integral – um foco desproporcional nas ações dos Estados Unidos muitas vezes leva ao negligenciamento da dinâmica do jogo subsistêmico regional que está sendo jogado simultaneamente. Obviamente, em algumas circunstâncias, a caracterização dos Estados Unidos (ou qualquer outra grande potência, p. ex.) como potência externa ou como membro integral é difusa – os Estados Unidos na Europa Ocidental, na década de 1950, por exemplo, vêm à mente. No entanto, mesmo nessas situações extremas, as pressões subsistêmicas regionais estão em jogo, e a geografia garante que os estados continuarão preocupados com seus vizinhos e tentarão manipular as potências externas em seu próprio benefício, a fim de alcançar uma melhor posição no tabuleiro de xadrez regional.

Pelas razões acima mencionadas, o papel do Brasil como potência regional será enfatizado a fim de explicar a interação entre os Estados Unidos e o subsistema regional sul-americano. Isso não significa negar o papel dos Estados Unidos, ou assumir que o Brasil tem mais poder ou mais influência que os Estados Unidos na América do Sul, ou que de alguma forma existe um equilíbrio de poder entre o Brasil e os Estados Unidos nesse subsistema. O que isso significa é que o suposto papel hegemônico dos Estados Unidos na América do Sul não foi exercido como poderia ter sido devido à dinâmica particular do subsistema sul-americano no qual o Brasil desempenhou um papel central ao manipular a estrutura custo-benefício da mudança subsistêmica. Se os Estados Unidos atuaram ocasionalmente como um império em outras regiões da América Latina, na América do Sul tem sido um império ausente, apesar de ter tido as capacidades necessárias para ser um império atual. A distância geográfica obviamente desempenha um papel importante, mas está longe de ser uma explicação suficiente – a perspectiva subsistêmica regional é, portanto, necessária a fim de nos permitir detectar razões alternativas.

Como mencionado no capítulo anterior, o fato de os subsistemas regionais serem subconjuntos do sistema internacional mais amplo significa que eles não podem ser estudados em isolamento completo. Uma análise integral dos subsistemas regionais só pode ser satisfatória se incluir referências ao sistema internacional que constitui o ambiente dos subsistemas regionais. Por essa razão, os próximos capítulos são organizados de acordo com diferentes configurações do sistema internacional. O primeiro período, que vai da época da independência dos estados americanos até as primeiras décadas do século XX, é considerado por muitos pesquisadores como multipolar, mas essa multipolaridade estava essencialmente restrita ao contexto europeu. No hemisfério ocidental, os Estados Unidos eram a grande potência e sua política externa tinha basicamente uma orientação regionalista, da qual a Doutrina Monroe é o exemplo mais claro. O segundo período em estudo é a Guerra Fria, quando surgiu um sistema internacional real, juntamente com uma configuração bipolar de poder. Durante esse período, os Estados Unidos adotaram uma orientação global em sua política externa, voltada principalmente para o continente europeu, ao mesmo tempo em que atingiu o auge de sua influência na América Latina. A Guerra Fria é um período particularmente relevante para os objetivos deste estudo, pois foi quando os Estados Unidos tiveram tanto o incentivo quanto a capacidade de se tornar um império atual, na América do Sul. Finalmente, o último período em consideração vai do fim da Guerra Fria até os dias atuais, quando o desaparecimento da antiga União Soviética consolidou os Estados Unidos como a "superpotência solitária" (Huntington, 1999). Para cada uma dessas configurações do sistema internacional, um papel correspondente para o Brasil no subsistema sul-americano é identificado. Para os propósitos deste estudo, o primeiro período será caracterizado como a aliança não escrita com os Estados Unidos; o segundo será denominado como a fase imperialista regional; e o terceiro como o líder de um bloco sul-americano. A justaposição desses três fatores – a configuração do sistema internacional, o papel dos Estados Unidos e o papel do Brasil – será a estrutura básica para analisar os três períodos em estudo. É a expectativa desta pesquisa que essa estrutura seja uma alternativa melhor do que as oferecidas pela literatura existente para entender a política externa dos Estados Unidos em relação à América do Sul.

3
A Doutrina Monroe e os primeiros desenvolvimentos de um subsistema sul-americano

Em 2 de dezembro de 1823, quando a independência da América Espanhola foi concluída, a administração de James Monroe emitiu uma mensagem ao Congresso estadunidense, que mais tarde se tornaria provavelmente a doutrina mais resistente de sua história: a Doutrina Monroe. Visando especialmente os estados europeus pertencentes à Santa Aliança (Rússia, Prússia, Áustria e França), que ampliaram os planos de ajudar a Espanha a recuperar suas colônias perdidas na América, o Presidente Monroe declarou que "os continentes americanos, pela condição livre e independente que eles assumiram e mantêm, não devem doravante ser considerados como sujeitos para futura colonização por qualquer potência europeia" e que se eles tentassem fazer isso, seria interpretado "como a manifestação de uma disposição antipática em relação aos Estados Unidos" (Perkins, 1966, p. 3). A Doutrina Monroe foi, portanto, uma declaração unilateral da unidade dos Estados, instituindo uma separação entre a Europa e as Américas com ajuda do compromisso de se opor ativamente a quaisquer novas tentativas de recolonização europeia no hemisfério ocidental.

No entanto, a doutrina em si não nasceu em 1823. Na verdade, a mensagem de Monroe ao Congresso só se tornou uma doutrina depois que os princípios enunciados em 1823 foram articulados, interpretados e transformados em um guia de política pelas administrações subsequentes. Somente examinando como esse processo se desenrolou é que se pode fazer generalizações sobre o escopo da Doutrina Monroe. Tem sido uma suposição comum e aparentemente óbvia que a Doutrina Monroe tinha um caráter verdadeiramente hemisférico, o que era evidente tanto na época da mensagem de 1823 quanto posteriormente.

A doutrina tem sido sucessivamente interpretada como "a política hemisférica global dos Estados Unidos" (Black, 1977, p. 8), significando que "todo o continente americano foi diretamente designado como uma esfera de interesse dos Estados Unidos" (Bloom, 1990, p. 92).

Da mesma forma, o mais importante ramo da doutrina, o Corolário Roosevelt, também tem sido interpretado dentro da mesma estrutura[24]. De acordo com essa interpretação, o Corolário Roosevelt significava para os Estados Unidos a reivindicação do direito de "intervir em conflitos interamericanos nas Américas do Sul e Central a fim de manter a estabilidade econômica e a democracia" (Murphy, 2005, p. 6), isto é, que os Estados Unidos tomariam "ações corretivas sempre que os latino-americanos renegassem as dívidas internacionais" (Gilderhus, 2006, p. 10), agindo assim como o "único homem policial do hemisfério ocidental" (Ricard, 2006, p. 17).

Este capítulo examina a evolução da Doutrina Monroe além de sua promulgação original em 1823, a fim de demonstrar que as interações entre os países do hemisfério fizeram com que se avançasse a ideia de que, em vez de ser uma po-

---

24. Cf.: Heiss (2002); Sicker (2002); Lens (2003); Sexton (2010).

lítica aplicada homogeneamente em toda a América Latina, a Doutrina Monroe e seus derivados – como o Corolário Roosevelt – representava muito mais um plano intervencionista direcionado aos estados do Caribe. Na América do Sul, a doutrina adquiriu um caráter bastante diferente, uma vez que, tanto a distância quanto a relativa estabilidade dos principais países da América do Sul permitiram esse desenvolvimento – opção de um subsistema sul-americano embrionário organizado em torno de Argentina, Brasil e Chile. Vale ressaltar que é evidente o fato de o Brasil em particular se considerar à época como um garantidor da Doutrina Monroe na América do Sul e assim perseguir uma aliança não escrita com os Estados Unidos, o que significava que cada país cuidaria de seu respectivo subsistema regional. Embora isso não fosse totalmente recíproco, a aliança entendida era relativamente conveniente para os Estados Unidos, pois o Brasil era um país amigo e porque permitiria aos Estados Unidos concentrar as ações no Caribe. Sendo assim, Roosevelt entendeu claramente o escopo geográfico da Doutrina Monroe e de seu corolário. Por fim, será discutido neste capítulo que, à medida que o poder do Chile declinou e a Argentina adotou uma política externa com uma forte orientação antiamericana, a posição do Brasil tornou-se ainda mais relevante.

Ação e reação: definindo o escopo da Doutrina Monroe

Aqueles que se concentram na Doutrina Monroe apenas como ela foi promulgada em 1823 podem concluir que nenhuma diferenciação deve ser feita no que diz respeito à sua aplicação geográfica nas Américas. Afinal, em nenhum momento do discurso de Monroe essa diferenciação foi feita. No entanto, essa doutrina deve ser estudada não como um episódio isolado, mas como um desenvolvimento histórico, o que significa levar em consideração uma perspectiva mais ampla em termos de como a doutrina se desenvolveu ao longo do tempo. Em outras palavras, o que deve ser determinado é como o processo de interação entre os estados americanos moldou o resultado real das políticas dos Estados Unidos após a declaração de 1823.

Como não houve interação significativa entre os países independentes do hemisfério ocidental, o enunciado da Doutrina Monroe, dado seu suposto alcance hemisférico, pode ser considerado um equívoco em relação a um "primeiro ato social", criando "expectativas de ambos os lados sobre o comportamento futuro um do outro", colocando em movimento um processo de ação e reação que levaria à criação de "significados intersubjetivos" (Wendt, 1992, p. 405), o que acabaria por determinar aspectos importantes dos padrões de relacionamento no hemisfério ocidental. De fato, as primeiras reações quando Monroe alcançou os estados latino-americanos parecem ter variado da indiferença ao entusiasmo. O aspecto da indiferença é explicado pelo fato de que muitos governos da América Latina ainda estavam mais ligados à Europa do que aos outros países das Américas e tendiam a olhar mais para a Grã-Bretanha do que para os Estados Unidos como uma fonte de proteção. No entanto, a possibilidade de contar com um segundo poder em seu próprio hemisfério para afastar as potências europeias não podia ser completamente ignorada pelos novos estados latino-americanos independentes. Alejandro Alvarez (1924) observa que quatro países se interessaram especialmente pela doutrina: Argentina, Brasil, Colômbia e México (Alvarez, 1924). Dexter Perkins acrescenta que também no Chile "a mensagem foi melhor recebida do que em qualquer outra parte da América espanhola" (Perkins, 1966, p. 160). Todos esses países, recentemente independentes e temerosos de possíveis tentativas de recolonização por parte da Espanha ou Portugal, se interessaram em saber mais sobre as intenções dos Estados Unidos, e "perguntaram explicitamente quais meios os Estados Unidos pretendiam usar para sua proteção" (Hart, 1916, p. 92). O Império do Brasil foi o primeiro país da América do Sul a tomar conhecimento da doutrina e dentro de dois meses solicitou uma aliança defensiva e ofensiva com os Estados Unidos. Um apelo semelhante para uma aliança foi feito pelo México e pela Colômbia de Simon Bolívar. Alguns anos após a mensagem de Monroe ao Congresso dos Estados Unidos, o governo argentino pediu a aplicação da doutrina em um golpe contra o Brasil porque, de acordo com o presidente argentino, era "óbvia conexão entre a Europa e o Brasil, mais especialmente de Portugal" (Stewart, 1930, p. 29). Já quanto ao governo colombiano, o secretário de Estado Adams respondeu que "o medo de intervenção da Santa Aliança nos países do Novo Mundo tinha praticamente desaparecido" (Alvarez, 1917, p. 10) e, portanto, não havia necessidade de uma aliança formal. No caso do Brasil, o governo dos Estados Unidos foi frio em relação ao pedido de uma aliança e "desculpou-se, acreditando que este compacto não era necessário" (Alvarez, 1917, p. 10). Pouco tempo depois, os dois países assinaram um tratado comercial mais estreito. O governo argentino foi informado pelo secretário de Estado Clay, em 1828, que o pedido de intervenção contra o Brasil era infundado e que "os Estados Unidos não se consideravam obrigados a intervir em defesa da Doutrina Monroe a cada solicitação das partes interessadas" (Alvarez, 1917, p. 11). Para não deixar dúvidas sobre suas opiniões, Clay acrescentou que "mesmo que Portugal e Brasil tivessem permanecido unidos, e a guerra tivesse sido realizada por suas armas conjuntas, contra a República Argentina, isso teria estado longe de apresentar o caso que a mensagem contemplava" (Stewart, 1930, p. 31). Da mesma forma, ao presidente mexicano, Clay explicou que a Doutrina Monroe não significava que os Estados Unidos tivessem contratado qualquer tipo de obrigação legal para mantê-la (Alvarez, 1917). Mas, ao contrário dos países sul-americanos, o México logo ficaria sabendo que a Doutrina Monroe era omissa sobre as próprias ambições dos Estados Unidos.

Obviamente, dado o fato de que durante a maior parte do século XIX as potências europeias eram mais capazes que os Estados Unidos de projetar seu poder na América do Sul, dificilmente seria concebível que os estadistas americanos estivessem dispostos a tomar qualquer ação significativa em uma região distante de suas fronteiras. Na década de 1840, o secretário de Estado Daniel Webster sentiu a necessidade de deixar claro que a Doutrina Monroe "não nos comprometeu, em todo caso, a pegar armas a qualquer indicação de sentimento hostil das potências da Europa em relação à América do Sul", acrescentando que seria um "caso muito diferente" se qualquer potência europeia "pousasse nas margens do Golfo do México e começasse uma guerra em nossa vizinhança imediata" (Hart, 1916, p. 92). Enquanto na década de 1860, os Estados Unidos estavam tão preocupados com a presença francesa no México, que planejavam usar todos os meios necessários para forçar a expulsão dos franceses, quando o Chile entrou em conflito com a Espanha mais ou menos no mesmo período, o secretário de Estado William H. Seward não ofereceu mais do que "o apoio moral de uma amizade sincera, liberal e, como achamos que vai parecer, útil" (Hart, 1916, p. 153). Em resumo, as ações reais dos Estados Unidos deixaram evidente que, como a Doutrina Monroe adquiriu os contornos de uma política em vez de uma declaração de intenções, uma clara separação entre a parte norte e a parte sul-americana do continente estava começando a tomar forma.

Durante esse processo de ação e reação entre os Estados Unidos e os governos latino-americanos, o escopo real da Doutrina Monroe tornou-se progressivamente mais delineado. Em uma mensagem ao Congresso, em 1845, o presidente americano James Polk já havia "confirmado formalmente as limitações geográficas da Doutrina" (Langley, 1985, p. 21), quando declarou que ela

> [...] se aplicaria com muito mais força caso qualquer poder europeu tente estabelecer qualquer nova colônia na América do Norte. [...] A reafirmação deste princípio, especialmente em referência à América do Norte, é hoje a promulgação de uma política à qual nenhuma potência europeia deveria ter a disposição de resistir. Ela deve ser claramente anunciada ao mundo como nossa política estabelecida que nenhuma futura colônia ou domínio europeu será plantada ou estabelecida com nosso consentimento em qualquer parte do continente norte-americano (Hart, 1916, p. 114).

Essa declaração explícita do Presidente Polk demonstrou categoricamente que a Doutrina Monroe era na realidade uma ofensiva direcionada ao Caribe e não uma doutrina hemisférica. As repetidas alusões à América do Norte em lugar das referências hemisféricas continuaram a ser feitas ao longo da segunda metade do século XIX. Ao defender a anexação de Santo Domingo, na República Dominicana, como "uma adesão à Doutrina Monroe", o Presidente Grant declarou em 1871 que acreditava que "não devemos permitir que nenhum governo independente dentro dos limites da América do Norte passe de uma condição de independência para uma condição de propriedade ou proteção sob um poder europeu" (Hart, 1916, p. 114).

Talvez a única exceção a essa concentração geral, dentro dos limites da América do Norte, tenha sido durante a disputa da fronteira da Venezuela com a colônia britânica da Guiana, mas nesse caso parece que as características pessoais do secretário de Estado Richard Olney desempenharam um fator significativo. O governo Venezuelano vinha disputando a fronteira da Guiana com a Grã-Bretanha desde 1880, mas até 1895, quando Olney sucedeu a Walter Gresham como secretário de Estado, os Estados Unidos "seguiram um curso muito cauteloso e circunspecto" (Young, 1942, p. 248). Foi somente depois que Olney se tornou secretário de Estado, que os Estados Unidos decidiram tomar uma posição firme sobre a questão, forçando a Grã-Bretanha a aceitar a arbitragem estadunidense, fazendo referência à Doutrina Monroe como "a lei pública aceita deste país" (Hart, 1916, p. 195). No que parece ser um esforço para ampliar o escopo geográfico da doutrina como ela havia sido tacitamente definida até então, ele acrescentou que os estados americanos "tanto o Sul quanto o Norte, pela proximidade geográfica, pela simpatia natural, pela semelhança das constituições do governo – tal, são amigos e aliados, comercial e politicamente, dos Estados Unidos" (Hart, 1916, p. 196)[25]. Isso não foi apenas uma questão de amizade, observou o secretário de Estado, mas também a realidade do crescente poder americano. Conforme Olney disse, em uma passagem famosa: "Hoje os Estados Unidos são praticamente soberanos neste continente, e sua vontade é lei sobre os assuntos aos quais confina sua interposição" (Hart, 1916, p. 196).

---

25. Um crítico comentou que, ao mencionar a "proximidade geográfica", Olney "ignorou o fato de que as maiores cidades da América do Sul estão geograficamente mais próximas da Espanha e de Portugal do que de Nova York e da Nova Inglaterra" (Bingham, 1913, p. 18).

É preciso lembrar que a mensagem original de Monroe se referia explicitamente às novas colônias europeias e não às já existentes, o que significa que a aplicação da Doutrina Monroe por Olney, tal qual uma justificativa para a intervenção dos Estados Unidos em uma disputa de fronteira, foi uma interpretação singular que levou o governo britânico a responder espantado, que mesmo admitindo que "a Doutrina Monroe em si é sólida", a "fronteira disputada com a Venezuela nada tem a ver com nenhuma das questões tratadas pelo Presidente Monroe. Não é uma questão de colonização por uma potência europeia de qualquer porção da América" (Hart, 1916, p. 196). A nota escrita pelo Primeiro-ministro Lord Salisbury concluiu que a interpretação de Olney sobre a Doutrina Monroe foi um "desenvolvimento estranho" (Hart, 1916, p. 200). Albert Hart, cujo livro forneceu as citações acima, comentou que "[n]o anterior Presidente ou Secretário de Estado havia tomado um terreno tão amplo e abrangente" e que a interpretação de Olney era "pouco relacionada à doutrina de 1823" (Hart, 1916, p. 203; acréscimo nosso). De fato, a disputa da fronteira Venezuela-Guiana parece ser um caso isolado dentro de um padrão geral, mas enquanto Hart se concentra na questão da aplicação da Doutrina Monroe a uma questão aparentemente não relacionada à declaração original, para os propósitos deste livro, o aspecto relevante é o fato de que o caso venezuelano foi talvez o único caso em que a doutrina foi explicitamente invocada para justificar as ações dos Estados Unidos ao sul do Panamá. De fato, o próprio secretário Olney esclareceu no ano seguinte, quando as insurreições cubanas ocuparam a mente dos estadistas americanos, que os Estados Unidos estavam de fato "interessados em qualquer luta em qualquer lugar por instituições políticas mais livres, mas", acrescentou ele, "necessariamente e em medida especial em uma luta que está em fúria quase à vista de nossas costas" (Hart, 1916, p. 208). Mais uma vez, as práticas atuais forçaram o confinamento da aplicação geográfica da doutrina.

Evidentemente, à medida que o verdadeiro escopo da Doutrina Monroe se tornou claro para os latino-americanos, as reações diferiram radicalmente do apoio quase unânime recebido logo após sua primeira promulgação. Em particular, a expansão dos Estados Unidos em território mexicano após 1848 deixou claro ao México e aos países vizinhos da América Central e do Caribe que "a Doutrina Monroe nunca foi uma garantia contra projetos ambiciosos dos próprios Estados Unidos" (Hart, 1916, p. 72). Quando uma "política de hegemonia" passou a ser considerada como um "complemento natural da Doutrina Monroe" pelos estadistas americanos, não foi uma surpresa o fato de que alguns países, especialmente o México, tenha começado a desenvolver "uma grande aversão à Doutrina, pois eles a consideram normalmente não mais sob o aspecto que tinha em 1823, mas sob o novo aspecto que lhe foi dado" (Alvarez, 1917, p. 19-20). Durante a Guerra Hispano-americana de 1898, quando os Estados Unidos tomaram imediatamente Guam, Porto Rico e as Filipinas, essa noção foi muito reforçada. Previsivelmente, no início do século XX, um presidente mexicano declarou publicamente sua oposição à Doutrina Monroe, porque, de seu ponto de vista, ela "ataca a soberania e a independência do México e criaria e estabeleceria uma tutela sobre todas as nações da América" (Thomas, 1923, p. 395). O crescimento do poder americano e o declínio relativo da Europa mudaram a visão inicial que alguns estados latino-americanos tinham sobre a Doutrina Monroe como uma medida de garantia contra a intervenção. A questão que agora dominava várias das Conferências Pan-americanas era como lidar com uma grande potência em seu próprio hemisfério. Conforme observa Gordon Connell-Smith: "um sistema que foi promovido para evitar a intervenção extracontinental tornou-se imediatamente preocupado com a questão da intervenção do poder promotor" (Connel-Smith, 1966, p. 10). Após a Guerra Hispano-americana e uma série de intervenções na América Central e no Caribe durante as primeiras décadas do século XX, tornava-se evidente que a noção de uma política latino-americana homogênea era de fato muito mais restrita ao seu escopo geográfico (Atkins, 1999; Sicker, 2002)[26]. Tendo derrotado um império europeu decadente na virada do século e ainda vivendo em um mundo de impérios, os Estados Unidos flertaram com soluções imperiais para si mesmo (Healy, 1970; May, 1991; Welch, 1972). No entanto, o escopo desse império americano raramente alcançou os países ao sul do Panamá.

Como será visto a seguir, devido às diferentes experiências com o poder americano, os países sul-americanos desenvolveram, em geral, uma perspectiva muito diferente daquela desenvolvida pelo resto da América Latina, o que pode ser claramente ilustrado pelos casos do México e do Brasil.

Os primeiros desenvolvimentos de um subsistema sul-americano

A importância estratégica da área do Caribe em comparação com a América do Sul é apenas uma dimensão da explicação para a falta de envolvimento dos Estados Unidos nos territórios mais ao sul, nesses primeiros anos de interação entre os estados independentes americanos. A outra dimen-

---

26. Martin Sicker (2002) apresenta 34 intervenções dos Estados Unidos na América Central e no Caribe entre 1890 e 1928. Em contraste, como observa Atkins (1999), os Estados Unidos "nunca desembarcaram suas tropas no Cone Sul" (1977, p. 143).

são deve ser encontrada no desenvolvimento simultâneo de um "sistema continental sul-americano de política de poder" (Burr, 1967, p. 3) em torno do núcleo formado pela Argentina, Brasil e Chile. A distância geográfica permitiu o desenvolvimento desse sistema durante o século XIX, antes que os Estados Unidos fossem realmente capazes de projetar efetivamente o poder no Cone Sul da América do Sul. Portanto, quando os Estados Unidos adquiriram a capacidade de transformar a Doutrina Monroe em uma autêntica doutrina hemisférica para além de seu escopo caribenho, tiveram que lidar com um subsistema regional que já estava razoavelmente avançado e estabilizado diferentemente do que se encontrava no resto da América Latina.

Em contraste com outras ex-colônias espanholas, a Argentina e o Chile conseguiram desenvolver governos relativamente estáveis no início de sua independência. Apesar de alguns momentos de precariedade política – especialmente no caso da Argentina – nenhum desses dois países experimentou o tipo de convulsão política que prevaleceu no México, por exemplo, no qual vários governos diferentes se revezaram entre 1821 e 1848. O Brasil foi um caso diferente uma vez que, ao contrário da América espanhola, não havia sido fragmentado em partes e não sofreu grandes rupturas políticas quando conquistou a independência de Portugal. Basta dizer que o primeiro governante do Brasil independente, Dom Pedro I, o príncipe português, governou como imperador do Brasil por nove anos. O segundo governante, o imperador Dom Pedro II, filho de Dom Pedro I, governou por 48 anos consecutivos até o Brasil se tornar uma República em 1889 – novamente sem derramamento de sangue. Ao contrário do que seu longo reinado pode sugerir, longe de ser um caudilho típico da América Latina, Dom Pedro II era um estadista erudito e liberal, que permitia a liberdade de imprensa e de expressão, e investiu pesadamente na educação (Schwarcz, 1998). Por causa de um parlamento funcional e ativo, "com partidos sólidos e competitivos" (Carvalho, 1993, p. 65), o historiador Manuel de Oliveira Lima até caracterizou o Império Brasileiro como "uma democracia coroada" (Lima, 1997, p. 45). Após conhecer Dom Pedro II, o primeiro-ministro britânico, William Gladstone, referiu-se a ele como "um modelo para todos os reinos do mundo" (Napoleão, 1947, p. 65). Quando Dom Pedro II morreu, o jornal *New York Times* escreveu um obituário extremamente lisonjeiro – o que foi uma deferência relativamente incomum para qualquer líder latino-americano no fim do século XIX – fazendo referência às observações de Gladstone, acrescentando que Dom Pedro II foi "um dos monarcas mais iluminados do século […] um patrono liberal das letras, artes e ciências", e comentando que "Dom Pedro tornou o Brasil tão livre quanto uma monarquia pode se tornar" (*New York Times*, 1891a). No dia seguinte, o jornal americano se referiu a ele como um "filósofo genial" e – o que é realmente surpreendente à luz da ideia original de Monroe quanto à separação entre os sistemas de governo europeu e americano – questionou a sabedoria de estabelecer uma república no Brasil, dizendo que "é duvidoso que uma república atenda às exigências do Brasil tão bem como uma monarquia" (*New York Times*, 1891b). De fato, a popularidade que o imperador brasileiro desfrutava era tão substancial que o estadista mais renomado dos primeiros anos da República Brasileira era o Barão do Rio Branco, um diplomata durante o império e filho de outro estadista proeminente durante o reinado de Dom Pedro II. Rio Branco foi o ministro das relações exteriores do Brasil sob quatro diferentes administrações, de 1902 a 1910. Portanto, juntamente com o tamanho do Brasil, essa relativa continuidade política, caracterizada por uma certa estabilidade, sem interrupções ou convulsões significativas, forneceu ao país a base para sua consolidação como uma potência regional na América do Sul. Conforme observa Glen St John Barclay (1971), no início do século XX, Argentina, Chile e Brasil "representavam na época literalmente o único grupo de estados soberanos historicamente maduros, constitucionalmente estáveis, tradicionalmente pacíficos e fisiologicamente seguros a ser encontrado em qualquer parte do mundo" (1971, p. 27). Essa condição única permitiu o desenvolvimento de um subsistema regional no início da vida internacional desses estados. Devido à existência de três países em propensão geográfica com potencial para desempenhar o papel de potências regionais, assim como a relativa ausência dos Estados Unidos durante os primeiros anos de sua independência, os estados da América do Sul se preocupavam menos com o poder esmagador do país norte-americano do que com possíveis conflitos entre si, o que era claramente a situação oposta em relação aos países da metade norte do hemisfério. Robert Burr descreve o desenvolvimento de um sistema de política de poder na América do Sul ao longo do século XIX, primeiro com duas regiões relativamente separadas – a Plata e a Região Andina – que finalmente se uniram em um único sistema continental na década de 1860 (Burr, 1955, 1962, 1965). Portanto, os estadistas sul-americanos, pelo menos desde a segunda metade do século XIX, "tendiam a pensar em termos de um sistema de equilíbrio de poder continente" (Burr, 1962, p. 113) e costumavam fazer constantes referências a um "equilíbrio sul-americano" (Burr, 1962, p. 17). Como Burr argumenta, no fim do século XIX, "a ideia de um equilíbrio de poder havia se tornado uma parte aceita da vida internacional da América do Sul" (Burr, 1955, p. 59). No entanto, a noção de uma separação entre a América do Sul e a América do Norte se manifestou entre os estadistas sul-americanos pelo menos já em 1840. Por exemplo, quando problemas internos no México indicavam que uma tentativa de convocar uma conferência entre os estados americanos naquele ano estava prestes a fracassar, o governo chileno sugeriu que "talvez fosse bom que os plenipotenciários sul-americanos se reunissem [...] sem esperar pela chegada [...] de seus colegas mexicanos e centro-americanos", acrescentando categoricamente que "as repúblicas da América do Sul e do Império Brasileiro formam um sistema compacto cujos laços com o México e a América Central são comparativamente fracos" (Burr, 1965, p. 62-63).

Dessa forma, a distância quanto aos Estados Unidos colocava os países sul-americanos fora do escopo real da Doutrina Monroe, deixando-os menos preocupados com a possibilidade de uma intervenção estadunidense. À medida que a força e a estabilidade relativa da Argentina, Brasil e Chile se tornavam evidentes no fim do século XIX, os formuladores de políticas nos Estados Unidos passaram a pensar em novas possibilidades para a aplicação da Doutrina Monroe e a manutenção da estabilidade nas Américas. Embora mal seja mencionado na literatura, isso se tornaria uma característica-chave da separação entre os subsistemas regionais da América do Norte e da América do Sul nesses anos de formação – os Estados Unidos assumiriam responsabilidade direta por sua área de interesse estratégico na América do Norte, enquanto procurariam envolver os países mais fortes da América do Sul nos assuntos do continente sul-americano. De fato, essa perspectiva já era mencionada no fim do século XIX, quando o presidente dos Estados Unidos, Ulysses Grant, considerou intervir na disputa entre o Chile e o Peru. Deixando de lado a fraseologia unilateral comumente usada quando se trata do México, da América Central e do Caribe, Grant mencionou a possibilidade de intervenção afirmando que os Estados Unidos "teriam a liberdade de apelar para as outras repúblicas deste continente para que se unissem num esforço para evitar consequências que não podem ser confinadas ao Chile [sic] e ao Peru" (Hart, 1916, p. 189, acréscimo nosso). Entretanto, a noção de uma possível entente entre os Estados Unidos e alguns países sul-americanos tomou forma na época em que a mais famosa extensão da Doutrina Monroe foi promulgada – o Corolário Roosevelt, oficialmente anunciado em 1904. De fato, Theodore Roosevelt, que marcou a famosa política do *big stick* (o grande porrete) para manter a ordem na área do Caribe, é o primeiro presidente dos Estados Unidos a considerar explicitamente as vantagens das responsabilidades compartilhadas para o cumprimento da Doutrina Monroe na metade sul do hemisfério.

O corolário Roosevelt

Em um capítulo de sua autobiografia intitulado "A Doutrina Monroe e o Canal do Panamá", Roosevelt reconhece que a Guerra Hispano-Americana deixou os Estados Unidos "com relações peculiares com as Filipinas, Cuba, Porto Rico, e com imenso interesse na América Central e no Mar do Caribe" (Roosevelt, 1913, p. 502), estabelecendo, assim, os limites da esfera de influência americana na época, como muitos de seus predecessores haviam feito. Algumas linhas mais tarde, ele evidencia a diferenciação na esfera do hemisfério ocidental entre aquela área e a América do Sul, quando acrescenta:

> As grandes e prósperas comunidades civilizadas, como a Argentina, o Brasil e o Chile, na metade sul da América do Sul, avançaram tanto que não estão mais em

nenhuma posição de tutela em relação aos Estados Unidos. Eles ocupam para nós precisamente a posição que o Canadá ocupa. A amizade deles é a amizade de iguais por iguais. Minha opinião era que, no que diz respeito a estas nações, não havia mais necessidade de afirmar a Doutrina Monroe do que de reivindicá-la para o Canadá (Roosevelt, 1913, p. 503).

Roosevelt conclui que se alguma nação europeia tentasse ocupar um desses países, os Estados Unidos prestariam assistência, mas "a iniciativa viria da própria Nação, e os Estados Unidos agiriam apenas como um amigo cuja ajuda era invocada". Evidentemente, como ele reconhece, a situação seria "muito diferente" no caso dos "estados vizinhos do Mar do Caribe" (Roosevelt, 1913, p. 503).

O raciocínio de Roosevelt acerca do frequentemente ignorado padrão duplo para a aplicação de seu famoso corolário da Doutrina Monroe parece estar baseado em dois pilares. O primeiro é estratégico-militar. Assim, já em 1901, o Conselho Geral da Marinha havia produzido um relatório que dizia claramente:

> Se o princípio da Doutrina Monroe, na medida em que é a política deste governo, cobre toda a América do Sul, incluindo a Patagônia e a Argentina, não é para a consideração do Conselho Geral, mas apenas o fato de que os princípios de estratégia e os defeitos em nossa posição geográfica tornam impraticável manter com sucesso o controle naval pela força armada além da Amazônia, a menos que as condições atuais sejam radicalmente alteradas (Langley, 1985, p. 20).

Essa visão foi compartilhada pelo proeminente estrategista capitão Alfred Mahan, que acreditava "que as preocupações de segurança dos Estados Unidos terminavam no rio Amazonas, tornando desnecessária a aplicação da Doutrina Monroe ao sul do mesmo" (Healy, 1988, p. 144).

A esse aspecto estratégico-militar, Roosevelt acrescentou um segundo pilar, baseado na noção de capacidade estatal, ou seja, os estados que exigissem a intervenção dos Estados Unidos seriam aqueles que se mostrassem incapazes de "cumprir seus deveres para com as pessoas de fora ou de fazer valer seus direitos contra as pessoas de fora" (Roosevelt, 1913, p. 503). Em sua mensagem original ao Congresso, que deu origem ao Corolário de Roosevelt, Roosevelt mencionou a famosa frase de que "a injustiça ou impotência" seria a causa da intervenção dos Estados Unidos no hemisfério, acrescentando que se os países da região caribenha tivessem o mesmo "progresso na civilização estável e justa [...] que tantas das repúblicas em ambas as Américas estão mostrando constante e brilhantemente, todas as questões de interferência por parte desta nação terminaram" (Roosevelt, 1906, p. 857-858). Mais tarde, Roosevelt destacou explicitamente Brasil, Argentina, Chile, dizendo que esses países

> [...] alcançaram posições de tão assegurado [...] progresso, de tanta estabilidade política e poder e prosperidade econômica [...] é seguro dizer que não há mais necessidade de os Estados Unidos se preocuparem em reivindicar a Doutrina Monroe no que diz respeito a esses poderes (Healy, 1988, p. 144).

Em outra ocasião, Roosevelt observou que

> Há certas repúblicas ao sul de nós que já atingiram um tal ponto de estabilidade, ordem e prosperidade, que elas próprias, embora ainda de forma pouco consciente, estão entre os garantes desta Doutrina[...] Se todas as repúblicas ao sul de nós só crescerem como aquelas a que aludi já cresceram, todas nós precisamos ser os campeões especiais da Doutrina, pois nenhuma República americana estável e crescente deseja ver alguma grande potência militar não americana adquirir território em sua vizinhança (Hart, 1916, p. 322).

Essa noção de que as repúblicas sul-americanas mais estáveis poderiam ser os garantes da Doutrina Monroe levou um pesquisador a comentar que Roosevelt via alguns países, tais quais a Argentina e o Brasil, "como parceiros juniores que ajudariam a aplicar o corolario" (Weidenmier; Mitchener, 2004, p. 11). Outro autor declarou que "numa explosão de entusiasmo", Roosevelt "disse ao Chile que, se Santo Domingo estivesse no Pacífico, ele seria chamado para policiar a ilha" (Thomas, 1923, p. 376). Quando já estava fora do governo, Roosevelt confirmou, em uma carta para seu filho, essa visão sobre a Argentina, o Brasil e o Chile como parceiros que poderiam aplicar o corolário, quando escreveu que

> [...] seria mera tolice, o tipo mais bobo de tolice, pedir ao México [caído em revolução], Venezuela, Honduras, Nicarágua, para garantir a Doutrina Monroe conosco. É eminentemente correto pedir ao Brasil, à Argentina e ao Chile que o façam [...] mas pedir aos outros países que nomeei para garantir seria como pedir aos Apaches e Utes que o garantissem (Schoultz, 1998, p. 204; acréscimo nosso).

O que as citações acima pretendem deixar claro é que, se Theodore Roosevelt esteve frequentemente associado à busca de um império norte-americano, sua visão sobre como a América do Sul se encaixaria em seu esquema deve servir para reforçar a noção de que no hemisfério ocidental esse impulso imperial era geograficamente limitado[27].

Parte desse crescente reconhecimento nos Estados Unidos de que a América Latina deve ser desagregada com base em diferentes níveis de capacidade estatal parece ser o trabalho do secretário de Estado de Roosevelt, Elihu Root, que foi o primeiro secretário de Estado a visitar a América do

---

27. Para textos mais recentes sobre Theodore Roosevelt e a noção de império norte-americano, cf.: Bradley (2009); Thomas (2010).

Sul (ou qualquer outro país estrangeiro), onde ele foi calorosamente recebido. Como seus predecessores, Root reconhecia que "conforme se passa para o sul e a distância do Caribe aumenta, a necessidade de manter a regra de Monroe se torna menos imediata e aparente" (Hart, 1916, p. 237). Assim como Roosevelt, Root acreditava que isso se dava não apenas por causa da distância geográfica, mas por causa do diferente nível de organização que ele atribuía aos principais estados sul-americanos. Em um caso, Root afirmou que queria ajudar a América Central a percorrer

> [...] o caminho que o Brasil, a Argentina, o Chile e o Peru e vários outros países da América do Sul percorreram, saindo da discórdia e da agitação da revolução contínua para um senso de justiça e determinação do público em geral para manter a ordem (Schoultz, 1998, p. 197).

Essas declarações de Roosevelt e Root contradizem claramente algumas observações sobre o Corolário Roosevelt naquela época (e desde então), que apontavam para o fato de que os estadistas americanos "parecem estar cegos às condições reais nas maiores e mais importantes partes da América Latina, tais como Brasil, Argentina e Chile" (Bingham, 1913, p. 55)[28]. Esse tipo de interpretação tende a assumir que a Doutrina Monroe e o Corolário Roosevelt se aplicavam homogeneamente à América Latina, quando claramente não era isso que acontecia.

---

28. Como o título sugere, esse panfleto, publicado em 1914, apresenta uma forte crítica à Doutrina Monroe durante os anos de Roosevelt. No entanto, o autor se concentra principalmente nos países sul-americanos para demonstrar a inadequação da política. Em certo momento, Bingham (1913) sugere que uma melhor política para os Estados Unidos seria unir forças com a Argentina, o Brasil e o Chile "em proteger as partes mais fracas da América contra quaisquer agressões imagináveis pelas nações europeias ou asiáticas" (1913, p. 96), que na verdade parecia se encaixar com a abordagem real de Roosevelt, conforme apresentada aqui.

O Brasil e a aliança não escrita

Como Schoultz (1998) observa, a desagregação da América Latina em duas regiões foi apoiada não apenas pelos Estados Unidos, mas também pelo Conselho Sul-americano. No entanto, há mais do que a observação de Schoultz que os países sul-americanos estavam realmente dispostos a "deixar os Estados Unidos dominarem a região do Caribe" (Schoultz, 1998, p. 194). Conforme mencionado anteriormente, um sistema de política de poder havia se desenvolvido na América do Sul, que tinha pouca relação com a América do Norte, de modo que os países sul-americanos estavam menos preocupados com o México, a América Central e o Caribe do que com seu próprio subsistema regional, cujo núcleo era então composto por Argentina, Brasil e Chile. Se a proximidade com os Estados Unidos levou os países vizinhos desse território a temer o poder dos Estados Unidos, a distância geográfica e a política regional proporcionaram aos estados sul-americanos uma perspectiva diferente. Ao contrário da suposição geral, sua política em relação aos Estados Unidos era geralmente "subordinada" à sua "política sul-americana", o que significa que eles tendiam a olhar para os Estados Unidos principalmente em termos de sua própria situação regional (Burr, 1965, p. 261). Da mesma forma isso valia para as tentativas de países sul-americanos menores, que geralmente estavam mais preocupados com seus próprios vizinhos. Por exemplo, Arthur Whitaker (1976) mostra que o proeminente estadista uruguaio Luis Alberto de Herrera viu a amizade dos Estados Unidos como "excepcionalmente importante para a Uruguai" porque (e ele registrou esse pensamento duas vezes em três páginas), segundo Herrera, "aquele grande poder" seria suficiente para "chamar nossos vizinhos na região da Plata" (Whitaker, 1976, p. 364). Para Herrera, que foi o enviado uruguaio aos Estados Unidos no início dos anos de 1900, os Estados Unidos "continuariam a expandir-se, mas não ao sul de Panamá, e não interviriam na América do Sul 'neste século', pois 'nenhum interesse urgente chama o Colosso aqui'". Ele concluiu, portanto, que a Doutrina Monroe "não é uma ameaça para nós" (Whitaker, 1976, p. 364). Por volta do mesmo período, um autor argentino observou que "nas duas oportunidades que exigiam" a aplicação da Doutrina Monroe no caso da Argentina, os Estados Unidos não agiram, seja durante o imbróglio com a Grã-Bretanha envolvendo as Ilhas Malvinas, seja durante o bloqueio anglo-francês de Buenos Aires (Becú, 1915, p. 14). Assim, ele deduziu que a América do Sul estava "fora do alcance do monroeísmo" (Becú, 1915, p. 18) e poderia se desenvolver como um centro independente da política internacional. De fato, um autor observou que no início do século XX havia na Argentina uma "consciência de que [Roosevelt] havia distinguido entre América Central e América do Sul", e quando ele visitou Buenos Aires como ex-presidente em 1913 "recebeu ovações aonde quer que fosse" e forçou mais uma vez que "a Doutrina Monroe não tem a intenção de se aplicar à Argentina" (McGann, 1957, p. 4; acréscimo nosso), implicando que a Argentina tinha os meios para se proteger.

Nenhum país da América do Sul tinha uma visão mais favorável da Doutrina Monroe e das políticas dos Estados Unidos na época do que o Brasil, que, após a visita de Elihu Root por ocasião da terceira Conferência Pan-americana, mudou o nome do prédio onde as sessões ocorreram para Palácio Monroe. De fato, a interpretação da Doutrina Monroe dada pelo Brasil foi muito semelhante à noção expressa pelo próprio Theodore Roosevelt. Uma razão possível para isso é que, ao contrário do México, que tinha boas razões para suspeitar do poder dos Estados Unidos; para o Brasil, as intervenções dos Estados Unidos na metade norte-americana do hemisfério ocidental não só não ameaçavam seus interesses nacionais, mas aparentemente "levantaram a questão de se o Brasil poderia ser capaz de manifestar maior influência, maior hegemonia, também em suas fronteiras" (Turner, 1991, p. 498). Essa noção de que o Brasil reconheceria a hegemonia dos Estados Unidos na América do Norte enquanto esperava que os Estados Unidos respeitassem as pretensões brasileiras de ter sua própria esfera de influência na América do Sul foi a base do que Edward Bradford Burns chamou de a famosa aliança não escrita entre os dois países (Burns, 1966). O Brasil, que havia sido a "única nação latino-americana simpática aos Estados Unidos durante a Guerra Hispano-americana", deu sua própria "interpretação multilateral" da Doutrina Monroe como uma "responsabilidade do hemisfério" (Burns, 1966, p. 61), enfatizando sua "natureza coletivista" (Ganzert, 1942, p. 446).

Assim, a nova República do Brasil enxergava o Corolário Roosevelt de forma bastante clara. Um exemplo pode ser encontrado na seguinte frase: "Se esses países não sabem se governar, se não apresentam aqueles elementos necessários para evitar revoluções contínuas e guerras civis que se sucedem incessantemente, eles não têm direito de existir e devem ceder seu lugar a uma nação mais forte, melhor organizada, mais progressista e mais viril" (Burns, 1966, p. 152). O que soa como uma declaração vinda da boca do próprio Theodore Roosevelt é na verdade um trecho de uma entrevista do Barão do Rio Branco, o renomado ministro das relações exteriores brasileiro, a um jornalista argentino. De fato, em oposição à maioria dos países latino-americanos, o Brasil foi geralmente muito menos crítico em relação às políticas dos Estados Unidos na América Central e no Caribe. Embora essa posição possa ser "parcialmente explicada pelo fato de que o Brasil tinha pouco contato político ou econômico com a região" (Smith, 1991, p. 97), ela também refletia a visão brasileira quanto à América do Sul e à América do Norte como dois sistemas distintos que operavam em lógicas diferentes. Por exemplo, quando os Estados Unidos intervieram em Cuba em 1902, o Brasil foi amplamente solidário, mas quando os Estados Unidos esboçaram um apoio à Bolívia em uma disputa com o Brasil nesse mesmo ano, o governo brasileiro reagiu ordenando o fechamento do Rio Amazonas à navegação estrangeira, o que irritou os Estados Unidos (Smith, 2010, p. 52). Da mesma forma, quando o Panamá se separou da Colômbia em 1903 com o apoio dos Estados Unidos, as reações oficiais brasileiras "foram geralmente favoráveis" e a opinião pública foi "indiferente" (Burns, 1966, p. 87). Em contraste, o Barão do Rio Branco "reagiu energicamente" quando os Estados Unidos tentaram favorecer o Peru em uma disputa territorial com o Brasil (Bandeira, 2009, p. 6) e ameaçaram romper as relações diplomáticas com os Estados Unidos quando o governo de William Howard Taft, em consonância com a diplomacia do dólar, que então estava em andamento, emitiu um ultimato ao Chile para pagar indenizações em uma questão envolvendo uma empresa privada americana (Bandeira, 2003, p. 111). Comentando a interferência dos Estados Unidos no caso da disputa territorial com o Peru em um telegrama a Joaquim Nabuco, o embaixador brasileiro em Washington, Barão do Rio Branco, replicou que

> [...] eu entendo ser o nosso direito operar nesta parte do continente sem pedir permissão ou dar explicações a este governo [dos Estados Unidos], quanto às várias provas de nossa amizade, temos o direito de esperar que não se envolvam para ajudar nossos oponentes nos assuntos em que estamos engajados (Bandeira, 1973, p. 177; acréscimo nosso).

Moniz Bandeira interpreta a relação de Rio Branco com os Estados Unidos como uma visão de "transformação do continente em uma espécie de condomínio, onde o Brasil teria mão livre para exercer sua hegemonia na América do Sul" e, portanto, "preservaria sua independência de ação" (Bandeira, 1973, p. 169-170) naquele subsistema regional, mesmo que isso ocasionalmente significasse enfrentar os Estados Unidos. Para Joseph Smith, Rio Branco utilizou uma "estratégia que combina firmeza e simpatia" (Smith, 1991, p. 41) nos casos de disputas de fronteira com seus vizinhos, a fim de manter os Estados Unidos fora dos assuntos sul-americanos. Nos Estados Unidos, a visão de que o Brasil poderia ser responsável pela aplicação da Doutrina Monroe na parte sul do hemisfério parecia encontrar "um clima de opinião favorável à sua reivindicação de hegemonia moral sobre a América do Sul" (Burns, 1966, p. 174). Um artigo no jornal *The Washington Star* sobre a viagem de Elihu Root pela América do Sul afirmava que a posição do governo dos Estados Unidos era "arranjar uma aliança informal – mas nem por isso menos forte – com o Brasil, e relegar a ela a política da Doutrina Monroe na América do Sul" (Burns, 1966, p. 174). Dois anos mais tarde, o *New York Times* declarou que "As duas repúblicas [Estados Unidos e Brasil] estão trabalhando nos Continentes Norte e Sul da América com objetivos substancialmente da mesma natureza, por instituições e métodos estreitamente aliados em princípio" (*New York Times*, 1908; acréscimo nosso).

Outro aspecto da estratégia de Rio Branco no âmbito de uma aliança não escrita com os Estados Unidos foi a organização do espaço sul-americano junto com as outras duas potências regionais, Chile e Argentina. Se os estadistas americanos trataram os subsistemas regionais norte-americano e sul-americano de maneira diferente, essa atitude foi correspondida pelos líderes sul-americanos, particularmente no Brasil. Assim como Roosevelt e Root, Rio Branco considerou que o Brasil, Argentina e Chile não tinham motivos para se preocupar com o Corolário Roosevelt, acrescentando que "os públicos latino-americanos que se sentem ameaçados pela polícia internacional dos Estados Unidos" deveriam simplesmente decidir "escolher governos honestos e providentes" (Bandeira, 2007, p. 169). Para Burns, o objetivo do Pacto do ABC (Argentina, Brasil e Chile) era estabelecer um "policiamento moral pelas grandes repúblicas sul-americanas" com um propósito semelhante ao de Roosevelt na América do Norte, ou seja, "a manutenção de governos estáveis e responsáveis" (Burns, 1966, p. 153). Um pesquisador brasileiro que examinou fontes primárias brasileiras durante a formulação inicial do Pacto do ABC, concluiu que o objetivo central de Rio Branco era estabelecer uma "hegemonia compartilhada" na América do Sul entre os signatários (Conduru, 1998, p. 79). No entanto, as tradicionais rivalidades regionais impediram a formalização do Tratado ABC, tal como concebido por Rio Branco em 1909. Alguns anos depois, em 25 de maio de 1915, Argentina, Brasil e Chile finalmente assinaram um tratado formal com um escopo mais limitado que a concepção original de Rio Branco, seguindo o objetivo de facilitar a solução de controvérsias entre os três países sul-americanos. O tratado foi inicialmente recebido com preocupação pelo Governo Wilson, uma vez que existia a possibilidade de "competir com o pacto pan-americano" (Gilderhus, 1986, p. 55). Embora nunca fora ratificado pelos governos, o Tratado ABC representou um esforço diplomático importante e consolidou a visão dos três países como a chave para as políticas dos Estados Unidos na parte sul do hemisfério.

De ABC para B

Quanto à relação entre os países do ABC e os Estados Unidos, algumas mudanças notáveis ocorreram nas primeiras décadas do século XX, que contribuíram para dar ao Brasil um papel central na política externa da América do Sul. A primeira mudança foi o declínio do poder relativo do Chile, que havia sido um dos países mais poderosos do hemisfério. Dois fatores contribuíram para esse declínio: primeiro, desordens internas que eventualmente levaram a uma guerra civil em 1891 e o crescimento do poder relativo pelas outras duas potências sul-americanas, Brasil e Argentina, que agora lutavam pela predominância continental[29]. A segunda mudança que afetou as relações entre os Estados Unidos e os três países que compunham o núcleo do subsistema regional sul-americano foi a política externa que acabou sendo seguida pela Argentina durante e após a Primeira Guerra Mundial. Assim como Chile e México, a Argentina se manteve neutra durante o conflito, mas, após a guerra, adotou uma postura que às vezes se opunha diretamente aos Estados Unidos. De fato, durante a guerra, a atitude da Argentina foi "considerada como um desafio totalmente consciente à liderança dos Estados Unidos no hemisfério" (Barclay, 1971, p. 15). Essa postura foi mantida também durante a Segunda Guerra Mundial, e a Argentina foi um dos poucos países que se recusaram a fazer um compromisso aberto com o esforço de guerra, o que ajudou a minar as tentativas dos Estados Unidos de implementar a política de boa vizinhança naquela

---

29. Nesse mesmo ano, as relações entre os Estados Unidos e o Chile se deterioraram por causa de um incidente envolvendo marinheiros norte-americanos em licença do navio de guerra USS Baltimore. Os marinheiros foram atacados por uma multidão de chilenos no porto de Valparaíso, no evento conhecido como a Crise de Baltimore. O governo dos Estados Unidos exigiu um pedido de desculpas, que foi dado posteriormente pelo governo chileno.

parte do hemisfério. Quando mais tarde a Argentina se uniu aos países aliados para quebrar as relações com a Alemanha e o Japão, suas ações se justificaram mais em termos de simpatia para com a Grã-Bretanha do que em relação à crença em uma solidariedade entre as Américas. Na verdade, o "problema da Argentina" (Child, 1980, p. 81) era uma preocupação constante para os formuladores de políticas dos Estados Unidos ao lidar com a América do Sul por volta do período da Segunda Guerra Mundial. Em suas memórias, o secretário de Estado Cordell Hull chegou ao ponto de chamar a Argentina de "mau vizinho" (Hull; Berding, 1948, p. 1.377). Essa abordagem da política externa só mudaria no fim dos anos de 1980, quando "a Argentina desenvolveu um vínculo com os Estados Unidos diferente do que jamais havia tido antes" (Norden, 2002, p. 1).

Em um forte contraste, a política brasileira foi decididamente amigável e conciliadora em relação aos Estados Unidos. A concepção de Rio Branco de uma aliança não escrita com os Estados Unidos – mesmo que às vezes não fosse recíproca por parte do país norte-americano – foi mantida com uma confiança impressionante. Por exemplo, por ocasião da sexta Conferência Pan-americana em Havana, em 1928, o Brasil se posicionou ao lado dos Estados Unidos contra as críticas que este país estava recebendo devido às constantes intervenções no Caribe[30]. Mais importante ainda, o Brasil era o único país latino-americano com participação

---

30. Em relação à constante crítica que os Estados Unidos recebiam dos países sul-americanos por causa de suas atividades no Caribe, o secretário assistente encarregado da América Latina, Francis White, comentou com o secretário de Estado Henry Stimson, em 1930, que "assim que a América do Sul perceber que nossa política para a América Central não é uma política para a América do Sul, ela deixará de se importar com o que fazemos na América Central. É verdade que a América Central pode se opor, mas eu acho que eles simplesmente têm que engolir isso" (Schoultz, 1998, p. 289). Mais uma vez, isso demonstra como os funcionários dos Estados Unidos claramente separaram a América do Sul do resto da América Latina.

efetiva em ambas as guerras mundiais. Durante a Primeira Guerra Mundial, foi o único país do hemisfério a cooperar militarmente com os Estados Unidos e na Segunda Guerra Mundial até contribuiu com uma divisão de infantaria que se engajou no combate contra a frente italiana. Uma explicação para essa posição brasileira, que ficou evidente desde os anos do Rio Branco, foi que a amizade norte-americana era vista como uma garantia para a segurança brasileira diante da potencial hostilidade de seus vizinhos de língua espanhola. Portanto, enquanto a Argentina tinha, desde a Primeira Guerra, "flertado com alternativas pan-hispânicas" de integração, o Brasil manteve-se firme, apoiando a abordagem hemisférica dos Estados Unidos, tornando-se assim o "pivô" das políticas dos Estados Unidos na América do Sul (Gilderhus, 1986, p. 81).

Para os propósitos deste livro, o importante a observar em relação à política externa argentina e brasileira foi que eles repreenderam duas abordagens diferentes com objetivos similares para alcançar uma posição privilegiada em seu próprio subsistema regional. Nesse sentido, as relações dos dois países com os Estados Unidos devem ser vistas além do mero quadro bilateral, mas especialmente dentro do contexto de suas próprias preocupações subsistêmicas regionais. Por exemplo, quando oficiais argentinos – preocupados com a colaboração militar entre os Estados Unidos e Brasil – abordaram os Estados Unidos durante a Segunda Guerra Mundial, o ministro das relações exteriores argentino perguntou a seu homólogo norte-americano se os Estados Unidos fariam um "gesto de amizade genuína" enviando armamentos para a Argentina a fim de "restaurar a Argentina à posição de equilíbrio a que tem direito em relação a outras repúblicas sul-americanas" (Barclay, 1971, p. 166). Por causa da falta de colaboração da Argentina na guerra, esse pedido foi prontamente rebatido pelos Estados Unidos, mas serve novamente para mostrar que a principal preocupação da Argentina era sua relação com outros países sul-americanos. Em contrapartida, a colaboração do Brasil com os Estados Unidos estava intimamente relacionada com suas ambições regionais de se tornar a maior potência da América do Sul, o que de fato aconteceu com a ajuda dos Estados Unidos quando o Brasil recebeu assistência econômica e militar durante a Segunda Guerra Mundial, superando finalmente a Argentina após a guerra. Assim, a aliança não escrita do Brasil com os Estados Unidos ajudou a avançar objetivos da política externa brasileira, tal qual "a neutralização dos projetos argentinos de liderança regional" (Weis, 2000, p. 135). Por exemplo, quando um dos mais proeminentes diplomatas brasileiros, Oswaldo Aranha, foi embaixador em Washington, ele comentou ao subsecretário de Estado, Sumner Welles, em 1935, que "não se pode explicar nosso apoio aos Estados Unidos em suas questões centro-americanas e mundiais sem uma atitude recíproca de apoio ao Brasil na América do Sul" (Bandeira, 1997, p. 34).

Conclusão do capítulo

O exame das primeiras interações entre os estados americanos independentes oferece uma boa oportunidade para detectar o desenvolvimento de padrões de relações entre os Estados Unidos e as diferentes partes da América Latina que eram funções tanto da geografia quanto de características particulares de alguns estados sul-americanos. Esses fatores se reforçaram mutuamente, pois tanto a distância quanto as características internas permitiram à América do Sul desenvolver um sistema de política de poder que muitas vezes estava apenas marginalmente ligado aos Estados Unidos e que evidentemente não era o caso do México, da América Central e do Caribe. No entanto, para tornar esses padrões mais evidentes, é necessário reinterpretar a política mais significativa dos Estados Unidos em relação à América Latina durante esses estágios iniciais – a Doutrina Monroe. Embora a declaração original de 1823 não fizesse qualquer diferenciação entre as duas metades da América Latina, as práticas reais após 1823 tornaram cada vez mais evidente o escopo caribenho da Doutrina Monroe. De fato, dois dos presidentes americanos mais intervencionistas do século XX na América Latina, Theodore Roosevelt e Woodrow Wilson, fizeram uma diferenciação explícita entre a América do Sul e o resto da América Latina. Eles foram capazes de fazer essa diferenciação porque a América do Sul podia ser organizada em torno de um núcleo de estados, tais quais os países do Pacto do ABC, que eram relativamente estáveis e, portanto, podiam contar com isso para estabilizar sua própria vizinhança. Isso significava que o Corolário Roosevelt, comumente visto como um excelente exemplo da disposição unilateral e imperial dos Estados Unidos na América Latina, na verdade tinha um componente multilateral que muitas vezes é negligenciado pela literatura.

Nenhum outro país da América do Sul estava mais entusiasmado com a faceta multilateral do Corolário Roosevelt do que o Brasil. Para o maior país da América do Sul, a abordagem de Roosevelt à Doutrina Monroe foi uma confirmação da visão brasileira acerca da América do Sul como sua área de influência, fundamentando, assim, a política de uma aliança não escrita com os Estados Unidos. Essa política significava que, enquanto o Brasil apoiaria os projetos americanos no subsistema norte-americano, composto pelo México, América Central e Caribe; esperaria que os Estados Unidos apoiassem as aspirações brasileiras na América do Sul. Isso se tornou cada vez mais evidente, pois o Brasil era o único país latino-americano que endossava as ações norte-americanas no subsistema norte-americano, por exemplo a Guerra Hispano-americana, enquanto reagia fortemente contra uma série de tentativas dos Estados Unidos de se intrometer em assuntos que afetavam os interesses brasileiros na América do Sul. O fato de que o Brasil era o principal apoiador da visão multilateral da Doutrina Monroe se tornou progressivamente mais significativo à medida que o Chile diminuiu seu poder no fim do século XIX e a Argentina adotou uma política externa muitas vezes conflituosa com os Estados Unidos nas primeiras décadas do século XX.

Tanto a política externa argentina quanto a brasileira buscavam basicamente estabelecer o predomínio na América do Sul, mas enquanto a Argentina acreditava que poderia conseguir isso mantendo a distância dos Estados Unidos para mostrar autonomia e liderar os países de língua espanhola, o Brasil tinha uma perspectiva diferente na qual via a aproximação com os Estados Unidos um fator importante para suas pretensões na América do Sul. Em outras palavras, enquanto um buscava a liderança por meio do distanciamento dos Estados Unidos, o outro a buscava por meio da aproximação. Um autor observa que, no final, tanto o Brasil quanto a Argentina tinham "a mesma política independente" em relação aos Estados Unidos, com a diferença de que "o Brasil, pública e privadamente, a cada passo assegurava aos Estados Unidos sua solidariedade, enquanto a Argentina parecia se orgulhar de confrontos abertos com Washington" (Hilton, 1975, p. 227).

Ao reduzir os benefícios para os Estados Unidos de mudar a configuração subsistêmica na América do Sul – ou aumentar os benefícios para a maioria dos outros países – a entente não oficial entre Estados Unidos e Brasil contribuiu para manter os outros países a uma certa distância na parte sul do hemisfério. Essa relativa ausência significava que a política externa dos estados sul-americanos estava principalmente preocupada com seus próprios vizinhos, bem como o relacionamento com os Estados Unidos, estava subordinado às considerações regionais. Essa suposição foi e tem sido válida desde então, e deve ser levada em consideração ao analisar tanto a política externa dos Estados Unidos em relação à América do Sul quanto a política externa dos países sul-americanos. Entretanto, quando a Guerra Fria transformou os Estados Unidos em uma superpotência global, com preocupações além do hemisfério ocidental, também aumentou muito os incentivos para os Estados Unidos se envolverem mais ativamente na América do Sul, a fim de deter o avanço do comunismo. O Brasil teria que rever a estratégia anterior da aliança não escrita, a fim de afetar as novas estruturas de custos e benefícios da intervenção norte-americana.

4
Os Estados Unidos e o subsistema sul-americano durante a Guerra Fria: o caso do Chile

Com o fim da Segunda Guerra Mundial e a reconfiguração do sistema internacional, os Estados Unidos assumiriam novas prioridades em sua política externa, voltando os olhos principalmente para a Europa, o que significava que suas políticas na América Latina tenderiam a ser geralmente relegadas a um segundo plano. Como observa Whitaker, depois da década de 1940, o fator principal da ideia de hemisfério ocidental com ênfase na separação entre o continente americano e o europeu foi basicamente perdido, uma vez que, do ponto de vista dos formuladores de políticas dos Estados Unidos, o mundo estava agora dividido entre comunistas e não comunistas e a Europa Ocidental tornou-se um aliado natural dos Estados Unidos (Whitaker, 1954). O tipo de interesse que os Estados Unidos tinham quando eram uma potência regional seria assim reestruturado para se ajustar ao novo ambiente internacional no qual ocupavam uma posição-chave como potência global.

O aspecto ideológico do sistema bipolar da Guerra Fria foi particularmente importante nas relações dos Estados Unidos com os países latino-americanos, o que significou que o objetivo central da política externa dos Estados Unidos durante a Guerra Fria – conter a propagação do comunismo – caracterizaria fortemente o seu progresso hemisférico. Embora os Estados Unidos tivessem essencialmente a mesma política para toda a América Latina, o argumento apresentado aqui é que a perspectiva subsistêmica regional permite ao pesquisador descobrir dinâmicas regionais distintas de uma política que tinha caráter global. O objetivo deste capítulo é, portanto, mostrar que, apesar de ter agora tanto as capacidades quanto os interesses em moldar novos padrões de relacionamento no hemisfério que levariam a uma mudança do sistema regional, a dinâmica subsistêmica regional contribuiu para manter a estabilidade do subsistema sul-americano. Em outras palavras, mesmo durante a Guerra Fria, pode-se argumentar que se os Estados Unidos pudessem ser caracterizados como um império global no subsistema sul-americano, ele permaneceria relativamente ausente, o que evidentemente não significa que não fosse um ator relevante[31].

Obviamente, dentro do subsistema norte-americano, os Estados Unidos foram tudo menos ausentes, apesar das frequentes alegações de episódios de negligência[32]. Tropas norte-americanas invadiram a República Dominicana em 1965, Granada em 1983 e o Panamá em 1989 e, embora não tenham enviado tropas, os Estados Unidos estiveram ativa-

---

31. Para interpretações dos Estados Unidos como um império durante a Guerra Fria, cf.: Lens (1971); Liska (1967); Lundestad (1986); May (1991); Riencourt (1971); Steel (1970).

32. Cf.: Child (1980); Lieuwen (1965); Lowenthal (1990); Pastor (2019); Smith (2005).

mente envolvidos em operações abertas e secretas para derrubar governos, incluindo equipar e treinar grupos armados na Guatemala em 1958, em Cuba em 1961 e na Nicarágua na década de 1980. Essas intervenções – todas ao norte do Canal do Panamá – foram executadas sob diferentes administrações, quando presidentes tanto do Partido dos Republicanos quanto do Partido dos Democratas ocuparam a Casa Branca. De fato, o período da Guerra Fria fornece talvez a evidência mais clara da existência de dois subsistemas regionais diferentes na América Latina, mas análises baseadas na noção da América Latina como uma entidade homogênea na política internacional, juntamente com uma perspectiva que negligencia as pressões subsistêmicas regionais, muitas vezes ignoram essa realidade. Assim, esses pesquisadores comumente apresentam como evidência de um padrão de relações em toda a América Latina o caso do golpe militar que derrubou o governo de Salvador Allende no Chile em 1973.

Neste capítulo, colocaremos o golpe militar no Chile em uma perspectiva mais ampla, demonstrando que tanto antes quanto depois da eleição de Allende, o governo militar brasileiro esteve pelo menos tão preocupado quanto os Estados Unidos com a possibilidade dos governos inclinados ao comunismo chegarem ao poder na América do Sul. Este capítulo começa examinando os exemplos da Bolívia e do Uruguai, ambos anteriores à derrubada de Allende, e conclui examinando o caso do Suriname, que aconteceu cerca de uma década depois. Em todos esses casos, o governo militar brasileiro procurou ativamente influenciar no resultado político e pelo menos uma vez isso significou desenvolver planos para uma intervenção militar explícita. Ao discutir esses casos, esta seção procura demonstrar a existência de um padrão de interação no qual o caso chileno é um exemplo adicional. A maior parte deste capítulo está focada na participação dos Estados Unidos no Golpe de Estado no Chile em 1973, a fim de demonstrar que tanto a administração de Lyndon Johnson quanto a de Richard Nixon não estiveram muito preocupadas com a situação chilena e, no entanto, pararam de perseguir políticas verdadeiramente imperiais que teriam apresentado melhores chances de afetar decisivamente o resultado dos eventos. Este capítulo também mostra que a maior parte das ações dos Estados Unidos foi concentrada antes de Allende ser eleito em 1970 e tinha como objetivo evitar que ele assumisse o cargo. A ascensão de Allende à presidência no Chile é, portanto, uma clara ilustração das limitações dos tipos de políticas seguidas pelos Estados Unidos. Além disso, este capítulo argumenta que, ainda que não haja evidência concreta do envolvimento direto dos Estados Unidos no golpe que acabou por derrubar Allende, há uma série de indícios que apontam para uma conexão brasileira que é pouco explorada pela literatura por causa da falta de documentação disponível, especialmente quando comparada à abundância de documentos sobre o lado americano. É demonstrado que o envolvimento militar do Brasil no Chile pode ser amplamente entendido como uma extensão de sua política geral na América do Sul tanto antes como depois de 1973, o que permitiu aos Estados Unidos limitar seu envolvimento na região. Em outras palavras, a disposição intervencionista do Brasil, que poderia ser denominada como uma espécie de regionalismo imperialista, aumentou os benefícios da estabilidade subsistêmica para os Estados Unidos. Assim, este capítulo afirma que a posição brasileira não esteve subordinada às políticas norte-americanas, mas que seus interesses coincidiram com os dos Estados Unidos. Para reforçar esse ponto, o papel dos Estados Unidos no golpe militar de 1964 no Brasil é colocado em perspectiva.

Construindo uma narrativa

O caso do golpe militar que derrubou o governo de Salvador Allende no Chile se encaixa perfeitamente na narrativa comum de um subsistema regional americano (ou latino-americano), no qual a hegemonia americana é exercida de forma bastante homogênea naquilo que é, afinal de contas, tipicamente considerado seu quintal. Por exemplo, em seu trabalho sobre regiões geoestratégicas, Peter Katzenstein argumenta que, ao contrário da Ásia e da Europa, não existem potências regionais no continente americano porque a "presença esmagadora dos Estados Unidos anula todos os outros estados e tem impedido o surgimento de estados tanto favoráveis ao propósito e ao poder americano como centrais para os assuntos políticos da região" (Katzenstein, 2005, p. 226). A região que Katzenstein leva em consideração é uma entidade coerente composta pela América Latina mais o Canadá, ambos uniformemente submetidos ao poder dos Estados Unidos, já que estariam "próximos do centro do império americano" (Katzenstein, 2005, p. 225). No caso da América Latina, essa presença esmagadora dos Estados Unidos produziria um tipo particular de regionalismo baseado no "governo informal, relações patrono-cliente, diplomacia coerciva e intervenções militares" (Katzenstein, 2005, p. 225). Como evidência desse padrão de relacionamento, Katzenstein menciona as intervenções dos Estados Unidos na América Central juntamente com o "profundo envolvimento dos Estados Unidos no derrube do governo de Salvador Allende no Chile" como sendo ambos exemplos igualmente fortes do "comportamento de uma potência imperial tradicional" (Katzenstein, 2005, p. 226). Da mesma forma, David Mares menciona que, ao contrário de Cuba, "a Guatemala (1954) e o Chile (1973) não foram capazes de romper com o domínio dos Estados Unidos" (Mares, 1988, p. 454). Essa narrativa ainda permanece forte. Um livro sobre as relações dos Estados Unidos com a América Latina argumenta que os Estados Unidos "moldaram a história da América Latina, intervindo em momentos-chave (Guatemala 1954; Chile 1973; Nicarágua 1979; El Salvador 1979-82)" (Livingstone, 2009, p. 2).

Os exemplos acima sugerem que, ao agrupar as ações dos Estados Unidos em relação ao Chile com intervenções em outros lugares da América Latina, cria-se uma impressão de coesão. O problema dessa abordagem é que ela não apenas não reflete diferenças fundamentais entre a participação dos Estados Unidos na derrubada de Salvador Allende no Chile e, por exemplo, na derrubada de Jacobo Arbenz na Guatemala, mas também esquece o importante papel desempenhado por forças exteriores na América do Sul. Uma razão para essas simplificações analíticas pode ser o uso de abordagens que são excessivamente centradas nos Estados Unidos, juntamente com a falta de um quadro teórico – trabalho capaz de oferecer explicações para ir além da dicotomia sistema doméstico/sistema internacional. Este livro sustenta que a perspectiva subsistêmica regional pode preencher essa lacuna e fornecer uma narrativa distinta para o caso chileno em particular, e para a América do Sul em geral. Essa narrativa alternativa relativizaria o papel dos Estados Unidos, enfatizando as pressões subsistêmicas regionais.

Obviamente, no contexto da Guerra Fria, sucessivas administrações norte-americanas estavam preocupadas com a situação do Chile, do Brasil e de outros lugares – onde na América do Sul, forças que eram percebidas como simpáticas ao comunismo poderiam ganhar influência. Essa preocupação se traduzia de fato em políticas que procuravam ativamente impedir que essas forças chegassem ao poder, ou que as afetassem negativamente. Esperar que os Estados Unidos permanecessem à margem durante a Guerra Fria sempre que houvesse uma percepção de aumento da influência soviética na América Latina não seria realista. Entretanto, colocar intervenções armadas unilaterais na América Central e no Caribe sob a mesma categoria do tipo de ações que os Estados Unidos empreenderam na América do Sul é confundir uma política imperial com uma grande política de poder. Os objetivos dos Estados Unidos eram os mesmos em toda a América Latina, como eram no resto do mundo durante a Guerra Fria: conter a propagação do comunismo. No entanto, pode-se argumentar que o resultado dessa política variou de acordo com a configuração particular dos distintos subsistemas regionais. No subsistema norte-americano, tanto durante como antes da Guerra Fria, os Estados Unidos agiram frequentemente como um império, enviando suas próprias tropas ou treinando e equipando exércitos mercenários a fim de assegurar os objetivos estadunidenses. No subsistema sul-americano as mesmas medidas não foram tomadas – não necessariamente porque os Estados Unidos não podiam ou não queriam despachar tropas militares, mas principalmente porque, como será mostrado abaixo, não era necessário. Tratar a América Latina como um subsistema regional coerente cuja influência dos Estados Unidos é exercida de forma homogênea atenua essa distinção e simplifica excessivamente a análise, com consequências prejudiciais tanto para os formuladores de políticas quanto para os acadêmicos.

Os Estados Unidos e o golpe militar brasileiro

Como o papel do governo militar brasileiro é central para o argumento desenvolvido neste capítulo, é necessário primeiro abordar a extensão da influência dos Estados Unidos nessa conjuntura. Assim como no caso do Chile, a coincidência entre os desejos do estabelecimento da política externa dos Estados Unidos e o desdobramento real dos acontecimentos é frequentemente interpretada como prova de uma relação causal. Por exemplo, Jan Black viu a influência dos Estados Unidos como um "fator que contribuiu significativamente" (Black, 1977, p. 2) para o golpe militar de 1964 no Brasil e interpretou isso e os golpes subsequentes na América do Sul como evidência da "consolidação da hegemonia dos Estados Unidos, ou domínio, sobre os limites mais distantes do continente sul-americano" (Black, 1986, p. 4; Blum, 2004). Em seu conhecido diário da Agência Central de Inteligência dos Estados Unidos (CIA), o ex-oficial da CIA Philip Agee escreveu do Uruguai, um dia após o golpe militar brasileiro, que a derrubada do regime civil foi "sem dúvida em grande parte devido ao planejamento cuidadoso e às consistentes campanhas de propaganda que remontam pelo menos às eleições de 1962" (Agee, 1975, p. 362), quando o governo dos Estados Unidos financiou candidatos da oposição no Brasil. Agee chega a essa conclusão *post factum*, embora quase não haja menção das atividades da CIA no Brasil no início de seu diário, cuja primeira entrada remonta a 1956. Portanto, como no caso do Chile, o resultado político no Brasil em 1964 também é comumente mencionado como evidência de um domínio uniforme dos Estados Unidos sobre a América Latina, embora pareça haver um reconhecimento de que a extensão do envolvimento estadunidense no caso brasileiro tenha sido menos significativa do que no golpe de Estado chileno de 1973.

Basicamente, dois tipos de evidências são frequentemente apresentados para defender a influência dos Estados Unidos no golpe militar brasileiro de 1964. A primeira e mais recente, descoberta vários anos após o golpe, é o fato de que o governo dos Estados Unidos tinha preparado um plano de contingência para intervir no Brasil e apoiar os conspiradores no caso de uma guerra civil prolongada. O segundo diz respeito ao período anterior ao golpe, quando os Estados Unidos, por um lado, apoiaram os candidatos da oposição e as forças anticomunistas e, por outro, fizeram esforços para doutrinar os militares brasileiros. Quanto à primeira evidência, o apoio é normalmente oferecido por meio de citações de oficiais americanos e da chamada Operação Brother Sam, que consistia em um plano de fornecimento de equipamentos e petróleo para os golpistas. De fato, documentos oficiais desarquivados em 2004 mostram que o Presidente Lyndon Johnson disse por telefone que "devemos dar todos os passos que pudermos, estar preparados para fazer tudo o que precisamos" (Kornbluh, 2004) para apoiar a derrubada do governo civil do Brasil. Esses documentos também mostram que foram tomadas providências para o embarque de armas, munições e petróleo. O então embaixador dos Estados Unidos no Brasil, Lincoln Gordon, observou posteriormente que os golpistas "não sabiam nada sobre a força-tarefa 'Irmão Sam'" (Gordon, 2001, p. 68); por sua vez, outros pesquisadores contestam essa informação. Um estudo mais recente sobre a Operação Brother Sam, do historiador brasileiro Carlos Fico (2008), que examinou vários documentos oficiais americanos e brasileiros desarquivados, sustenta que os brasileiros estavam, de fato, cientes da operação. Assim, um dos mais ativos golpistas declarou em uma entrevista que, na verdade, havia perguntado ao adido militar norte-americano, Vernon Walters, se os Estados Unidos poderiam fornecer petróleo caso o golpe levasse a uma luta prolongada, o que por sua vez teria levado à Operação Brother Sam (Farias; Camargo; Góis, 1981). Na verdade, é difícil encontrar qualquer menção à participação ou influência decisiva dos Estados Unidos nas memórias publicadas pelos oficiais brasileiros que participaram do golpe. Em todo caso, a melhor conclusão a que se pode chegar analisando a documentação atualmente disponível é que ela demonstra uma "disposição intervencionista" dos Estados Unidos (Fico, 2008, p. 101). A declaração de Lyndon Johnson sobre estar "preparado para fazer tudo o que precisamos fazer" foi feita em 31 de março de 1964, e o Brasil já tinha um governo militar no dia seguinte sem uma guerra civil ou desordem significativa. Da mesma forma, os preparativos para a Operação Brother Sam foram feitos no fim de março e, como Gordon assinala, "estava ainda a dez dias de navegação quando Goulart abandonou a presidência" (Gordon, 2001, p. 67). O fato é que todo o planejamento dos Estados Unidos se mostrou desnecessário, pois o golpe saiu sem nenhuma ajuda efetiva, já que "os líderes militares brasileiros resolveram agir, com ou sem a aprovação de Washington" (Langley, 2010, p. 220). Como observou Phyllis Parker, "todo o apoio que os Estados Unidos planejou era de natureza marginal" e os Estados Unidos não estavam envolvidos no golpe "porque não havia necessidade disso" (Parker, 1979, p. 104). Quando a administração de Johnson decidiu que deveria contribuir para o golpe acontecer, já era tarde demais. Apesar de ocasionalmente subestimar a extensão do conhecimento dos Estados Unidos sobre o golpe, as evidências até o momento parecem chancelar as palavras do embaixador Gordon: "que nós saudamos o excesso de Goulart é bem conhecido. Mas não houve participação americana em sua remoção pela força militar" (Gordon, 2001, p. 64). O que teria acontecido se a luta tivesse sido prolongada e, consequentemente, uma guerra civil se desenrolado é uma questão para especulação, mas o fato óbvio é que a intervenção real não deve ser confundida com uma intervenção potencial ou desejada. A Operação Brother Sam é um exemplo claro da vontade, interesse e capacidade de intervenção dos Estados Unidos na América do Sul.

O segundo argumento apresentado para justificar a influência dos Estados Unidos no golpe militar de 1964 no Brasil afirma que a intervenção estadunidense na verdade não ocorreu tarde demais, sobretudo, porque os Estados Unidos, antes de 1964, já tinham contribuído com as condições necessárias para a concretização do golpe por meio de operações secretas destinadas a fortalecer as forças anticomunistas e por meio de uma doutrinação dos oficiais militares brasileiros. Essa é a linha de pensamento apresentada por Philip Agee, quando ele sugere que houve um "planejamento cuidadoso e campanhas de propaganda consistentes" (Agee, 1975, p. 363). Da mesma forma, Jan Black (1977) e Ruth Leacock (1990) mencionam a assistência dos Estados Unidos aos candidatos da oposição nas eleições brasileiras de 1962 como tendo um papel central na consolidação do golpe. Leacock ressalta que os Estados Unidos financiaram "alguma da literatura anticomunista" no Brasil e forneceram a um candidato da oposição para governador no estado de Pernambuco "filmes, quadrinhos e panfletos anticomunistas" (Leacock, 1990, p. 113). O autor considera tais atividades como exemplos de "ampla interferência americana" (Leacock, 1990, p. 121). No entanto, os resultados desse apoio dos Estados Unidos foram infrutíferos em um primeiro momento, uma vez que esse candidato da oposição governamental, financiado pelos Estados Unidos, perdeu a eleição para um candidato abertamente inclinado ao comunismo, pouco alterando no equilíbrio das forças políticas prevalecentes antes das eleições de 1962. De fato, naquela eleição, as forças de esquerda ganharam mais espaço no cenário político brasileiro (Bandeira, 2007). Em razão disso, Moniz Bandeira conclui que o dinheiro gasto para influenciar as eleições brasileiras "não foi bom para a CIA" (Bandeira, 2008, p. 86).

Se o apoio aos candidatos da oposição foi tudo menos eficaz, por outro lado, há o argumento de que pelo menos os Estados Unidos conseguiram doutrinar os militares brasileiros para a ideologia anticomunista e ensinar-lhes as complexidades das táticas de contrainsurgência. Aqui, o papel da Escola Superior de Guerra (ESG) brasileira é considerado central, uma vez que muitos dos golpistas frequentaram essa instituição, inspirada pela National War College nos Estados Unidos. Para Leacock, "sob orientação americana", a ESG "enfatizava o anticomunismo e a visão americana sobre a Guerra Fria" (Leacock, 1990, p. 183). Além do fato de que a ESG não apresentava nenhuma evidência de que a associação com os militares americanos supostamente reforçaria os preconceitos antidemocráticos da elite militar brasileira, o que soa um pouco contraintuitivo, uma questão mais importante a se fazer é se os militares brasileiros precisavam ser educados pelos Estados Unidos quanto aos alegados perigos do comunismo. Afinal, o exército no Brasil estava preocupado com o comunismo mesmo antes da Guerra Fria. Um diplomata brasileiro argumenta que o anticomunismo no Exército Brasileiro data pelo menos de 1935, quando oficiais militares ligados ao Partido Comunista Brasileiro (PCB) encenaram uma revolta a fim de derrubar o presidente e estabelecer um governo comunista (Corrêa, 1995, p. 812). Esse episódio levou à perseguição de indivíduos associados ao comunismo no Brasil e foi usado como justificativa para dar poderes ditatoriais ao Presidente Getúlio Vargas em 1937. Em 1939, o chefe de Estado-maior do Exército brasileiro exteriorizou as preocupações com a "ameaça bolchevique" (Esteves, 1996, p. 228). Curiosamente, em vista do que aconteceu mais tarde nos Estados Unidos na década de 1950, o embaixador americano no Brasil Adolf Berle Jr. pediu, em 1945, o fim da perseguição aos comunistas no Brasil (Gaspari, 2003). Contra o conselho do secretário de Estado norte-americano George Marshall, o Brasil foi o primeiro país do mundo ocidental a romper relações com Moscou e um general brasileiro foi criticado pela administração de Harry Truman por sua "tolerância excessiva" ao comunismo (Gaspari, 2003, p. 126). Quando Truman visitou o Brasil, foi o presidente brasileiro Dutra quem lhe pediu para colocar o anticomunismo no topo de sua agenda (Gaspari, 2003, p. 127). Em 1951, o Exército Brasileiro havia produzido um relatório intitulado Comunismo no Brasil, no qual expressava preocupações especiais sobre a infiltração comunista no exército (Esteves, 1996). Assim, quando os Estados Unidos ficaram preocupados com o avanço do comunismo na América Latina no início da década de 1960, após a Revolução Cubana, os generais brasileiros não precisavam de doutrinação. De fato, o relatório anual do Exército Brasileiro em 1961 já expressava preocupação com Cuba e suas "ideias subversivas", assim como com as atividades comunistas no Brasil (Esteves, 1996, p. 353). Como tinha sido o caso de Truman anos antes, quando o governo Nixon desenvolveu a Política de Distensão, alguns militares brasileiros criticaram o presidente norte-americano por ser muito brando com o comunismo (Schilling, 1981).

Entretanto, pode-se argumentar que mesmo que não houvesse necessidade de ensinar a doutrina do anticomunismo, a orientação americana e o treinamento ao Exército Brasileiro; particularmente por meio da ESG, constituiriam fatores centrais no desenvolvimento da estratégia de contrainsurgência, que foi empregada para combater a subversão doméstica. Também vale aqui um exame mais atento da dinâmica doméstica para colocar essas alegações sob perspectiva. O general brasileiro Cordeiro de Farias, responsável pela organização da ESG durante seus anos iniciais – no fim da década de 1940 –, relata o episódio em que o governo dos Estados Unidos enviou três oficiais militares para prestar aconselhamento na criação da ESG. De acordo com Farias, os oficiais americanos

> [...] vieram com o regulamento do National War College e tentaram induzir-nos a adotá-lo sem restrições, alegando que se havia dado certo nos Estados Unidos daria certo também no Brasil. Eu lutava com eles, mas não conseguia convence-los. Defendia a tese de que a ESG, como um centro de estudos, não poderia deixar de se ligar profundamente aos alicerces nacionais"(Farias; Camargo; Góis, 1981, p. 416).

O general Farias conclui que depois de levar os oficiais americanos em uma viagem pelo Brasil, eles estavam finalmente convencidos da necessidade de adaptar a escola às particularidades regionais. De fato, conforme observa Alfred Stepan (1971), a instituição brasileira tinha duas diferenças fundamentais em relação ao modelo americano. A primeira era que, devido à condição do Brasil ser um país em desenvolvimento, "a questão de uma força armada forte não podia ser separada da questão do desenvolvimento econômico" e, portanto, havia a necessidade de colocar maior "ênfase nos aspectos internos do desenvolvimento e da segurança" (Stepan, 1971, p. 175). Assim, quando a administração de John Kennedy surgiu com a Aliança para o Progresso, ligando a instabilidade à pobreza, ele não estava lançando uma nova ideia revolucionária, mas respondendo a uma demanda já existente. A segunda diferença se dava em relação ao foco central no desenvolvimento. Assim, em contraste com a Escola Nacional de Guerra, em grande parte orientada para o ofício militar, na ESG, a participação civil seria um aspecto-chave no desenvolvimento das operações (Stepan, 1971).

Quanto ao treinamento americano de oficiais brasileiros em estratégias de contrainsurgência, esse também é um argumento que perde parte de seu apelo quando o pesquisador pretende investigar sua validade real. Quando se examinam as origens da chamada teoria contrarrevolucionária, as contribuições originais dos franceses tornam-se evidentes. Enquanto nos Estados Unidos a noção de contrainsurgência adquiriu relevância apenas com a Guerra do Vietnã, para os franceses, que já haviam lutado e sido derrotados na Indochina, desenvolveu-se a noção de guerreiro-revolucionário, aplicando-a na Guerra de Independência Argelina durante a década de 1950 (Shy; Collier, 1986). É revelador que quando o tenente-coronel americano Donn A. Starry chamou a atenção, em 1967, para o fato de que os Estados Unidos só tinham considerado seriamente o problema das "guerras de libertação" desde 1961, ele intitulou seu artigo como "La Guerre Révolutionnaire" (Mattelart, 2010). Em comparação com a abordagem francesa, John Shy e Thomas Collier consideram a estratégia de contrainsurgência dos Estados Unidos desenvolvida durante a Guerra do Vietnã como "rasa", com uma abordagem inadequada, "quase puramente militar" (Shy; Collier, 1986, p. 856). Armand Mattelart observa que, embora os militares americanos tivessem que lidar com estratégias de contrainsurgência antes, ela não havia sido traduzida em uma doutrina formal, já que a "consciência estratégica" nos Estados Unidos:

> [...] foi totalmente absorvida pela dissuasão e pelo debate entre os partidários da "retaliação massiva" e aqueles a favor da "resposta flexível" [...]. Havia uma cren-

ça predominante no determinismo tecnológico, conducente a ver o futuro a partir da perspectiva do apocalipse nuclear (Mattelart, 2010, p. 80).

Essa é a razão básica pela qual o Exército Brasileiro não procurou inspiração na estratégia americana no Vietnã, que não se encaixava na realidade doméstica, mas sim na experiência francesa na Argélia. Aliás, as bibliotecas do exército estavam de fato repletas de literatura francesa sobre a guerra argelina (Gaspari, 2002, p. 31). Comentando sobre o desenvolvimento de estratégias de contrainsurgência na ESG, um general brasileiro destaca a "literatura militar francesa" como uma influência decisiva (Araújo; Soares; Castro, 1994, p. 77). Certamente, os generais brasileiros não tiveram problemas de leitura em francês, pois muitos deles frequentavam escolas na França, incluindo o primeiro presidente do regime militar, Castelo Branco. O discurso de tomada de posse do General Gis Monteiro como chefe de Estado-Maior do Exército Brasileiro em 1937 é permeado por citações de generais franceses (Esteves, 1996). Um oficial militante brasileiro comentou que "a ostentação da influência americana" na doutrina adotada pelo Exército Brasileiro era "praticamente nula" e acrescentou que "o historiador do futuro, no exame sereno desse episódio, irá certamente encontrar uma certa influência francesa, pelo menos no campo doutrinário" (Silveira, 1989, p. 264).

A influência francesa não estava restrita apenas ao Brasil. Ernesto López demonstra que a maior influência estrangeira no desenvolvimento da Doutrina de Segurança Nacional argentina também veio da França (López, 1987). Várias traduções para o espanhol de livros escritos por generais franceses foram publicadas em Buenos Aires (Comblin, 1978). O coronel francês Patrice de Naurois contribuiu com isso, escrevendo vários artigos para a revista argentina *Escuela Superior de Guerra* (López, 1987). Assim, o problema da guerra revolucionária e as estratégias para combatê-la estavam no inconsciente dos militares brasileiros e argentinos antes mesmo da administração de John Kennedy moldar sua doutrina de contrainsurgência na década de 1960. Enquanto López (1987) apontou que em 1958 os militares argentinos já estavam na fase final do desenvolvimento de sua doutrina contrarrevolucionária, Stepan observou que "mesmo antes de a ênfase na guerra fria ter mudado nos Estados Unidos de guerra atômica para guerra revolucionária, a ESG se tornou o centro do pensamento ideológico sobre a estratégia contrarrevolucionária no Brasil" (Stepan, 1971, p. 179).

Embora a CIA tenha colaborado com os serviços brasileiros de inteligência, não há evidência de nenhum funcionário americano que tenha participado de sessões de tortura no Brasil. De fato, o caso mais notável de uma relação entre torturadores estrangeiros e a ditadura brasileira foi durante 1973, quando o governo francês enviou ao Brasil o general Paul Aussaresses, um proeminente líder das operações de repressão e tortura na Argélia (Gaspari, 2002). Naquele ano, a Escola das Américas, considerada por muitos como um centro de doutrinação de golpistas militares latino-americanos (Gill, 2004), tinha recebido cerca de 30 mil estudantes, com pouco mais de 300 brasileiros (Mattelart, 2010). Obviamente, conforme observa Stepan, "os Estados Unidos, como o maior país anticomunista, era visto como um aliado natural" (Stepan, 1971, p. 179), e o Brasil buscava o máximo de colaboração que podia – e os Estados Unidos estavam dispostos a fornecê-la, particularmente após a Revolução Cubana. Isso só foi verdade na medida em que foi entendido pelo governo militar brasileiro para servir aos próprios interesses brasileiros, quando o governo de Jimmy Carter em 1977 exigiu um relatório sobre o desempenho dos direitos humanos pelos beneficiários da assistência militar, o governo brasileiro interpretou-o como constituindo uma interferência em seus assuntos domésticos e simplesmente revogou um acordo de assistência militar que tinha com os Estados Unidos desde 1952, praticamente pondo fim a qualquer colaboração militar formal entre os dois países (*Jornal do Brasil*, 1977). O Brasil e os Estados Unidos só assinariam outro acordo militar em 2010 (Reuters, 2010).

O imperialismo regional do Brasil na Guerra Fria

Aqueles que negligenciam a perspectiva subsistêmica regional em favor de uma perspectiva sistêmica internacional tendem a interpretar cada episódio da Guerra Fria do ponto de vista de Washington ou de Moscou. A realidade é que o avanço do comunismo no mundo ameaçou os interesses dos Estados Unidos como uma potência global, mas o vaivém do comunismo na América do Sul – e não em outro lugar da América Latina – também ameaçou os interesses do Brasil como potência regional, e isso já havia se consolidado mesmo antes da inauguração do regime militar em 1964. Até o Presidente Jânio Quadros, cuja renúncia em 1961 originou as crises que levaram à derrubada de seu vice-presidente, João Goulart, em 1964, é descrito como sendo "visceralmente anticomunista" (Corrêa, 1995, p. 741). Em 1961, Jânio Quadros considerou a possibilidade de anexar a Guiana em virtude de uma suposta infiltração comunista naquele país (Gaspari, 2003). O fato de ter recebido Che Guevara no Brasil e lhe ter conferido uma medalha de honra foi interpretado como um sinal de simpatia ao comunismo por aqueles que tendem a raciocinar em termos binários, não conseguindo assim compreender as complexidades políticas brasileiras. Esses e outros gestos simbólicos tornaram-se parte da política externa de Jânio, que foi chamada de "independente" e vista de muitas maneiras como um álibi para sua política interna "reacionária" (Corrêa, 1995, p. 741). Em resumo, compreender o papel do Brasil no subsistema sul-americano durante a Guerra Fria contribui para desconstruir o mito de que o anticomunismo era uma causa exclusivamente norte-americana, que de alguma forma foi incorporada por seus Estados sob influência por meio de um trabalho diligente de Washington.

Como as análises das relações entre os Estados Unidos e a América do Sul negligenciam o fato de que – por razões econômicas, de segurança e políticas – o avanço dos governos que se identificavam com o comunismo na América do Sul era visto como uma ameaça aos interesses brasileiros, a existência de interesses sobrepostos é confundida com mera subordinação. Essa interpretação é sem dúvida reforçada pelo fato de que a maioria dos documentos desarquivados disponíveis para pesquisa vem de fontes norte-americanas, já que grande parte das fontes brasileiras e sul-americanas permanecem arquivadas ou simplesmente indisponíveis porque, por exemplo, poucos presidentes sul-americanos mantiveram registros de suas conversas. Sem esse discernimento entre subordinação e sobreposição de interesses, torna-se difícil entender como a dinâmica regional influenciou a extensão do desenvolvimento dos Estados Unidos na América do Sul em comparação com outras partes da América Latina e do mundo, além do argumento de que era de alguma forma uma questão de falta de interesse ou negligência. Se há algo que os documentos oficiais desarquivados e a enorme quantidade de dinheiro gasto na tentativa de influenciar o cenário político na América do Sul mostram é que a falta de interesse sem muito fundamento. Os Estados Unidos tentaram ajudar o sucesso de um golpe no Brasil e, como será mostrado abaixo, planejaram ativamente um golpe no Chile, mas o fato é que o planejamento nunca foi traduzido em ações decisivas, ou seja, o tipo de ação que os Estados Unidos como superpotência global poderiam facilmente ter tomado, como fizeram tantas vezes na América Central, no Caribe e em outras partes do mundo durante a Guerra Fria. Os Estados Unidos enviaram dinheiro e equipamentos, forneceram treinamento, apoio ideológico e ajudaram as forças anticomunistas em toda a América do Sul a fim de defender seus interesses, mas estavam apenas suprindo uma demanda existente e nunca foram além daquele papel relativamente modesto de fornecedor, que está longe de ser uma política imperial, particularmente em seu próprio quintal. O argumento deste capítulo é que uma razão para essa ausência imperial durante a Guerra Fria é que os Estados Unidos não precisavam adotar uma política imperial dispendiosa na América do Sul, porque seus principais interesses coincidiam com os do Brasil, um país que estava disposto a impedir ativamente o surgimento de governos associados ao comunismo no subsistema sul-americano.

As razões dessa vontade brasileira podem ser encontradas em uma combinação de rápido crescimento econômico com o caráter autoritário do regime militar. De acordo com Moniz Bandeira, essa combinação permitiu ao Brasil assumir uma postura "ofensiva, imperialista" na América do Sul (Bandeira, 1993, p. 228). Da mesma forma, Robert Wesson (1981) percebe que o "músculo econômico" brasileiro na década de 1970 "permitia ao Brasil se entregar a um pequeno imperialismo próprio" (Wesson, 1981, p. 67). De fato, o regime militar brasileiro foi fortemente influenciado por uma visão geopolítica que enfatizava o papel do Brasil na América do Sul. O papel dos Estados Unidos foi descrito pelo teórico geopolítico mais proeminente do regime militar brasileiro como sendo parte de uma "barganha leal" ou "negócio justo" com o Brasil: o Brasil apoiaria os Estados Unidos no conflito global Leste-Oeste e os Estados Unidos apoiariam o Brasil a cumprir seu próprio "destino manifesto" na América do Sul (Silva, 1967, p. 50). Essa perspectiva geopolítica, não muito diferente da velha ideia de uma aliança não escrita, levou ao desenvolvimento da noção de fronteiras ideológicas e da teoria do cerco. Juntas, essas concepções significavam que o avanço dos regimes comunistas na América do Sul isolaria o Brasil e, portanto, o desafio deveria ser "reverter a onda de subversão internacional" em suas fronteiras (Mello, 1996, p. 124). Em 1971, a Bolívia tornou-se o primeiro alvo, depois que o general de esquerda Juan José Torres tomou o poder em 1970, no mesmo ano em que Salvador Allende se tornou presidente no Chile e o cônsul brasileiro no Uruguai foi sequestrado pelos Tupamaros, uma organização guerrilheira marxista que operava no país.

É bem conhecido que o golpe que derrubou Torres na Bolívia contou com "apoio logístico, político e ideológico do Brasil, tanto na fase de planejamento quanto no processo de execução" (Mello, 1996, p. 128). O Brasil ajudou o golpe com "dinheiro, armas, aeronaves e até mercenários", bem como fornecendo "apoio logístico aberto" para o próprio golpe (Bandeira, 2004, p. 416). Aviões brasileiros pousaram em aeroportos bolivianos para trazer equipamentos sem a preocupação de ocultar sua identificação. Como observa James Dunkerley (1984), "a intervenção do Brasil foi pouco discreta" (1984, p. 198). O golpe boliviano também foi apoiado pelos Estados Unidos e, em menor grau, pelo governo militar argentino (McSherry, 2005, p. 55). O ministro do interior boliviano durante o governo de Torres refere-se à Argentina e ao Brasil como os "dois parceiros pró-imperialistas", mas concentra-se principalmente na participação norte-americana e brasileira, que ele define como uma "organização obscura da polícia política no Brasil e da CIA" (Gallardo Lozada, 1972, p. 403). Poucos dias após o golpe, o governo brasileiro concedeu à Bolívia dez milhões de dólares em crédito e uma média de 46 milhões em orçamento para os anos seguintes (Dunkerley, 1984, p. 205). Para o Brasil, o bem-sucedido golpe na Bolívia representou "o fim de seu isolamento regional" e levou a uma "Teoria do Dominó invertido" na América do Sul (Mello, 1996, p. 128).

No Uruguai, as preocupações americanas e brasileiras com os grupos guerrilheiros naquele país se tornaram mais marcantes depois que o chefe do programa de segurança pública dos Estados Unidos no Uruguai, Dan Mitrione, e o cônsul brasileiro, Aloysio Gomide, foram sequestrados pelos Tupamaros no início da década de 1970. Enquanto Gomide foi libertado após sete meses, Mitrione foi executado depois que o governo dos Estados Unidos e do Uruguai se recusaram a cumprir com as exigências da guerrilha. A partir daí, quando a coalizão de esquerda Frente Ampla ganhou terreno nas eleições de 1971, ambos os países ficaram apreensivos, especialmente tendo em vista a vitória da Unidade Popular no Chile um ano antes. Para os Estados Unidos, uma vitória da Frente Ampla representaria uma tendência perigosa na América do Sul, enquanto para o Brasil confirmaria a visão da teoria do cerco, além de representar ameaças mais imediatas de subversão ao longo de sua estratégica fronteira sul. Documentos americanos desarquivados em 2002 evidenciam a preocupação das autoridades americanas com a situação no Uruguai, mas não mostram nenhum envolvimento direto ou planos de intervenção naquele país para evitar uma vitória da Frente Ampla. Um dos documentos é um telegrama secreto do departamento de Estado às embaixadas dos Estados Unidos no Brasil e na Argentina, pedindo sua provável reação a uma forte demonstração da Frente Ampla e mencionando especulações da imprensa latino-americana sobre o "possível plano de ação brasileiro no Uruguai para frustrar a Frente de assumir, incluindo o uso da força armada" (Estados Unidos, 1971a). Entretanto, esse documento foi escrito explicitamente para o período subsequente 1972-1976, "com base na premissa de que a Frente Amplio não vencerá as eleições de 1971". A maior preocupação do documento era como os Estados Unidos deveriam proceder para trabalhar com o novo governo e para "aumentar o apoio aos partidos políticos democráticos no Uruguai e diminuir a ameaça de uma aquisição política pela Frente Amplio". Na área de segurança, a análise sugeriu que seria "especialmente desejável que países vizinhos como a Argentina e o Brasil colaborassem efetivamente com as forças de segurança uruguaias e, sempre que possível, deveríamos incentivar tal cooperação" (Estados Unidos, 1971b).

Os documentos americanos divulgados até o momento mostram assim uma combinação de preocupação com a situação no Uruguai, esperando que o Brasil, ou talvez a Argentina, tomassem as medidas cabíveis. Essa preocupação dos Estados Unidos está de acordo com a expectativa deste capítulo de que o papel desempenhado pelo Brasil permitiu aos Estados Unidos limitar seu envolvimento na América do Sul durante a Guerra Fria. De fato, o documento mais notório divulgado sobre essa questão mostra o Presidente

Richard Nixon em uma reunião com o primeiro-ministro britânico Edward Heath comentando que "os brasileiros ajudaram a manipular as eleições uruguaias", em uma referência à suposta fraude que teria acontecido na eleição de 1971, vencida pelo partido de situação (Estados Unidos, 1971e). O governo brasileiro ficou claramente satisfeito com o resultado das eleições e o então recém-eleito presidente do Uruguai declarou imediatamente que tinha "afinidades ideológicas" com o Brasil (Bandeira, 2008, p. 247).

O que o governo Nixon não sabia, além de especulações na imprensa sul-americana, era que o Exército Brasileiro tinha um plano para invadir o Uruguai caso a Frente Ampla ganhasse as eleições. Esse plano foi chamado de Operação Trinta Horas, em referência ao prazo estimado pelo Exército Brasileiro para tomar o país (Bandeira, 1995, 2004; McSherry, 2005; Mello, 1997; Padros, 2005; Schilling, 1981). Como observado acima, a indisponibilidade de documentação relativa ao período militar brasileiro dificulta a tarefa do pesquisador. Portanto, as evidências geralmente devem ser procuradas em depoimentos de pessoas envolvidas na operação ou por meio de pesquisadores que tiveram acesso a elas (Contreiras, 1998; Gaspari, 2003; Villalobos, 2006). Talvez o testemunho mais explícito de alguém diretamente envolvido nos planos de invasão do Uruguai tenha vindo do coronel brasileiro Dickson Grael, que foi um apoiador do golpe de 1964, mas mais tarde se desiludiu com o curso do regime militar. Grael participou da formulação dos planos de invasão do Uruguai e deixou claro o quanto o Exército Brasileiro estava próximo de realmente intervir na região. Ele ainda afirma que as unidades militares brasileiras foram mobilizadas e colocadas em alerta, apenas esperando o resultado das eleições uruguaias "para executar o plano" (Grael, 1985, p. 18-19). É notável que, embora o Brasil tenha levado em consideração explicitamente a reação argentina a uma possível invasão do Uruguai, aparentemente não fez nenhuma menção aos Estados Unidos (Schilling, 1981). De fato, um relatório do departamento de Estado expressou que a maior preocupação dos Estados Unidos em relação à situação no Uruguai "pode muito bem não ser o resultado das eleições uruguaias", mas sim a deterioração das relações entre Brasil e Argentina ou uma grande mudança no equilíbrio regional de poder no caso de uma ação unilateral de qualquer um deles nos assuntos uruguaios (Estados Unidos, 1971c).

Chile e a conexão brasileira

É dentro do contexto exposto acima que as atitudes brasileiras em relação ao Chile devem ser entendidas. A clara disposição brasileira de intervir no Uruguai e na Bolívia denotou um baixo nível de tolerância aos regimes que foram identificados com o comunismo, tanto por razões de incompatibilidade ideológica quanto por causa de um alastramento do aparelho repressivo doméstico. A coincidência de objetivos com aqueles expressos pela política externa americana durante a Guerra Fria significou que o imperialismo regional brasileiro permitiu que os Estados Unidos exercessem o que se poderia chamar de uma espécie de imperialismo brando na América do Sul[33]. Embora seja comumente ignorado em muitos estudos, os Estados Unidos não foram o único país no hemisfério preocupado com a ascensão de Allende ao poder no Chile, e o envolvimento brasileiro pode fornecer

---

33. Alguns autores usaram o termo subimperialismo para caracterizar as políticas brasileiras na América do Sul durante o regime militar. No entanto, o conceito de subimperialismo está relacionado ao conceito leninista de imperialismo, que é distinto do argumento apresentado neste livro. Além disso, a noção de subimperialismo implica uma condição de subordinação, o que também não é o argumento apresentado aqui. Para a noção de subimperialismo brasileiro cf.: Dans (1975); Marini (1972); Zirker (1994).

uma parte importante da explicação quando se trata de avaliar o papel das influências estrangeiras no golpe de 1973. Também vale ressaltar que o problema da insuficiência de registros do lado brasileiro contrastou com a abundante documentação do lado americano, o que poderia criar a impressão de um monólogo quando, de fato, pode haver mais vozes presentes. Enquanto as evidências circunstanciais já sugeriam uma conexão brasileira no golpe militar que derrubou Allende (Simons, 1974), documentos desarquivados em 2009 apresentam as evidências mais claras até o momento e que corroboram essas suspeitas. Mas, antes de analisar esses documentos, é necessária uma breve visão geral das ações dos Estados Unidos no Chile.

Sem dúvida, o melhor relatório acerca do envolvimento dos Estados Unidos no Chile até o golpe de 1973 é o Senate Select Comittee to Study Governmental Operations with Respect to Intelligence Activities, elaborado por um comitê do Senado para estudar operações governamentais com respeito às atividades de inteligência. Esse relatório também ficou conhecido como o Relatório Church, uma vez que foi conduzido pelo senador Frank Church, de Idaho (Estados Unidos, 1975). Embora fora produzido apenas dois anos após a queda de Allende, nenhuma informação nova desde então mudou significativamente os dados, permanecendo como a principal fonte de informação para a maioria das análises das atividades dos Estados Unidos no Chile. Um relatório mais recente da CIA produzido em 2000, conhecido como Relatório Hinchey, elaborado pelo congressista americano Maurice Hinchey, de Nova York, basicamente corrobora e complementa as conclusões do Relatório Church de 1975, acrescentando poucas informações novas que transformariam drasticamente o que é atualmente conhecido sobre a real extensão do envolvimento dos Estados Unidos no Chile nos eventos que levaram à queda de Allende[34]. Esses dois relatórios oferecem uma contagem detalhada e abrangente das atividades dos Estados Unidos no Chile e, portanto, serão usados como fontes básicas para a análise que se segue.

Há pelo menos dois aspectos das ações dos Estados Unidos no Chile que merecem uma consideração cuidadosa a fim de produzir uma investigação precisa. O primeiro é o fato de que a esmagadora maioria do dinheiro gasto em ações encobertas no Chile – mais de 90% do orçamento – foi em propaganda, incluindo o apoio à mídia de massa e aos partidos políticos. Do ponto de vista analítico, o problema com esse tipo de estratégia é que, apesar de algumas suposições equipararem investimento em propaganda à influência direta na sociedade, é complicado avaliar seu impacto real sobre o processo político em geral. Assim, embora seja difícil inferir uma relação causal perfeita quando há uma coincidência entre o resultado político e os objetivos da ação de propaganda, se o primeiro difere do segundo parece razoável supor que os objetivos foram improdutivos. O apoio da CIA aos candidatos da oposição nas eleições do Brasil em 1963, por exemplo, foi em grande parte infrutífero, o que tornou evidente os limites desse tipo de assistência. Da mesma forma, o período em que a CIA gastou mais dinheiro no Chile foi entre 1964 e 1969, durante a administração de Lyndon Johnson, e apesar desse apoio, a esquerda chilena ganhou

---

34. Para produzir o relatório, os autores "analisaram registros relevantes da CIA da época, predominantemente a partir de pesquisas recentes de documentos; estudaram extensos relatórios do Congresso sobre as atividades dos Estados Unidos no Chile nas décadas de 1960 e 1970; leram as memórias de figuras-chave, incluindo Richard Nixon e Henry Kissinger; revisaram a coleção de história oral da CIA no Centro de Estudos de Inteligência; e consultaram oficiais de inteligência aposentados que estavam diretamente envolvidos" (Estados Unidos, 2000).

terreno durante esses anos. Poder-se-ia argumentar que se os Estados Unidos não tivessem ajudado financeiramente, a esquerda teria feito ainda mais avanços, mas, além dessa especulação, a realidade mostra que os resultados reais dificilmente poderiam ser considerados como um caso de sucesso, conforme será mais explorado abaixo. O segundo aspecto das ações dos Estados Unidos no Chile que merece atenção especial é o fato de que a maior parte das atividades da CIA, incluindo uma tentativa de incentivar um golpe militar, foi concentrada no período antes de Allende se tornar presidente em 1970 e, portanto, tinha como objetivo impedi-lo de tomar posse. Ou seja, a eleição de Allende é outra indicação da real (in)eficácia das operações empreendidas pelos Estados Unidos no país sul-americano.

Como foi observado acima, o auge das ações de propaganda dos Estados Unidos no Chile foi durante o período entre 1964 e 1969. Apesar do alto investimento, é difícil concluir que os resultados foram satisfatórios. O Relatório Church observa que a ajuda da CIA em 1964 "permitiu a Eduardo Frei ganhar uma clara maioria nas eleições de 1964, ao invés de apenas uma pluralidade", mas acrescenta que não está claro "por que foi necessário assegurar uma maioria, ao invés de aceitar a vitória, uma pluralidade teria assegurado" (Estados Unidos, 1975). Esse relatório também observa que, nos anos entre 1965 e 1969, a parcela de votos dos democratas cristãos apoiados pela CIA caiu de 43% para 31%. Os esforços da CIA não se concentraram apenas nos partidos políticos, mas também em influenciar as instituições chilenas, particularmente aquelas relacionadas ao trabalho e aos camponeses. A avaliação da CIA sobre esses projetos, de acordo com o Relatório Church, concluiu que eles foram "bastante mal sucedidos no combate ao crescimento de forte sentimento de esquerda e organização entre trabalhadores, camponeses e moradores de favelas" (Estados Unidos, 1975). No total, a definição mais otimista caracterizaria o resultado das operações secretas da CIA no Chile durante o período entre 1964 e 1969 como um sucesso limitado, mas também se poderia argumentar que o resultado foi em grande parte ineficaz.

Em 1970, a CIA gastou cerca de um milhão de dólares para afetar o resultado das eleições daquele ano, "minando os esforços comunistas para provocar uma coalizão de forças esquerdistas que pudesse ganhar o controle da presidência" e "fortalecendo líderes e forças políticas não marxistas no Chile, a fim de desenvolver uma alternativa eficaz à coalizão da Unidade Popular em preparação às eleições presidenciais de 1970" (Estados Unidos, 1975). Por outro lado, o Relatório Church indicava que "os cubanos forneceram cerca de 350.000 dólares para a campanha de Allende, com os soviéticos acrescentando uma quantia adicional, indeterminada" (Estados Unidos, 1975). Os números soviéticos foram divulgados posteriormente pelo arquivista sênior do Comitê de Segurança do Estado soviético (KGB), Vasili Mitrokhin, que teve acesso à extensa documentação na antiga União Soviética, a qual revela uma associação estreita e regular entre Allende e os soviéticos, sugerindo-o como "o mais importante dos contatos confidenciais da KGB na América do Sul pelos recursos soviéticos". Além disso, também foi revelado que a KGB forneceu ao Partido Comunista Chileno 400 mil dólares, mais um "subsídio pessoal de $50.000 para ser entregue diretamente ao Allende" (Andrew; Mitrokhin, 2005, p. 69) e 18 mil dólares para persuadir um senador de esquerda a permanecer dentro da coalizão do Allende e a não se candidatar à presidência, a fim de evitar a divisão dos votos da esquerda (Andrew; Mitrokhin, 2005). Os fundos adicionais, incluindo dinheiro entregue diretamente a Allende, continuaram a ser enviados durante todo o seu mandato (Andrew; Mitrokhin, 2005, p. 75).

O fato de Allende ter sido eleito pela maioria da população – ainda que em uma eleição muito acirrada – tornou óbvio que os esforços dos Estados Unidos para impedir que uma coalizão de esquerda ganhasse "não teve sucesso" (Estados Unidos, 1975). Logo, se se procurar atribuir todos os resultados políticos das eleições de 1970 no Chile como resultado do influxo estrangeiro, a conclusão seria a de que foi a KGB quem teve sucesso e, de fato, "em seu relatório ao Comitê Central, a KGB reivindicou algum crédito pela vitória de Allende" (Andrew; Mitrokhin, 2005, p. 72). Quando Allende foi eleito, "pouco restava do aparato de propaganda financiado pela CIA" (Estados Unidos, 1975). No entanto, essa vitória foi um golpe significativo para a política externa americana numa era de Guerra Fria e o Presidente Richard Nixon decidiu pela intervenção direta. Nixon informou à CIA que "um regime Allende no Chile não seria aceitável para os Estados Unidos" (Estados Unidos, 1975), e foi decidido que "uma iniciativa mais agressiva de ação encoberta" fosse necessária, o que incluía um plano para formar um golpe a fim de evitar que Allende tomasse posse de fato (Estados Unidos, 2000). Para impedir a subida de Allende à presidência, o governo Nixon considerou tomar medidas em dois caminhos (*tracks*) diferentes. O *track* I incluía atividades políticas, econômicas e de propaganda destinadas a induzir os oponentes de Allende no Chile a impedir sua posse, enquanto o *track* II foi um passo além e incluiu ações "direcionadas a promover ativamente e encorajar os militares chilenos a se moverem contra Allende" (Estados Unidos,

1975). O *track* I não conseguiu reunir o apoio das forças de oposição para intervir no processo político chileno a fim de desafiar Allende e também não conseguiu gerar uma crise econômica forte o suficiente para impactar as votações no Congresso. A vitória de Allende não só foi aprovada pelo Congresso, mas foi aprovada por uma margem tão ampla – 53% a 35% – que rotular *track* I como um fracasso completo pode ser um eufemismo. Quando ficou claro que o *track* I estava naufragando, o *track* II foi intensificado. A CIA fez vários contatos com os militares chilenos a fim de "convencê-los a realizar um golpe" e se encontrou com oficiais chilenos "que estavam ativamente envolvidos na conspiração do golpe" (Estados Unidos, 2000). De acordo com o Relatório Hinchey, a CIA se encontrou com três grupos diferentes de conspiradores e todos eles indicaram que o sucesso do golpe passava pelo sequestro do comandante do Exército Chileno, René Schneider. A CIA, portanto, forneceu armas e munições a um dos grupos a fim de sequestrar Schneider. Entretanto, o grupo envolvido no sequestro agiu "independentemente da CIA", que havia concluído alguns dias antes da operação que esse grupo de conspiradores em particular não poderia efetivar o golpe com sucesso (Estados Unidos, 2000). As armas que a CIA havia fornecido ao grupo escolhido "foram posteriormente devolvidas sem uso à Estação". Schneider foi ferido durante o ataque e sua morte "provocou uma forte reação no Chile", arruinando as perspectivas de execução de um golpe contra Allende e tornando o *track* II tão malsucedido como o *track* I (Estados Unidos, 2000). Em 3 de novembro de 1970, Salvador Allende foi empossado como presidente do Chile, evidenciando que "os esforços dos Estados Unidos tanto ostensivos quanto encobertos para evitar sua assunção de cargo haviam fracassado" (Estados Unidos, 1975).

Portanto, se o resultado das eleições chilenas de 1970 serviu para demonstrar alguma coisa, possivelmente foram os limites da influência dos Estados Unidos em certas áreas da América Latina. Apesar das ordens explícitas de Richard Nixon para executar planos para derrubar um líder latino-americano visto como uma ameaça aos Estados Unidos, Allende foi empossado de acordo com os preceitos da Constituição chilena. Talvez o exemplo mais próximo de um fracasso comparável seja a invasão da Baía dos Porcos, em Cuba, em 1961, mas se no caso do Chile a caixa de ferramentas imperial americana incluía medidas relativamente brandas, como ações de propaganda e incentivo dentro das instituições chilenas existentes para um golpe militar; no caso cubano, dificilmente poderia ser classificado na categoria de um imperialismo brando. A Baía dos Porcos foi de fato um caso de intervenção por meio da invasão, incluindo o uso de aviões dos Estados Unidos e de um exército mercenário treinado e equipado pelos Estados Unidos para invadir Cuba e derrubar o governo castrista. Embora ambos sejam casos equivalentes de fracasso, o caso chileno difere do caso cubano pela relativa timidez das ações empreendidas para cumprir objetivos similares. Se historiadores e cientistas políticos querem classificar ambos os eventos sob a mesma categoria de intervenção dos Estados Unidos na América Latina para defender o impulso imperial dos Estados Unidos na região, podem não estar conceitualmente errados, dependendo das definições usadas para intervenção, mas eles certamente perdem de vista distinções que não são desprezíveis.

Quando Allende foi finalmente derrubado por um golpe militar, não foi a CIA que o derrubou. Há um consenso razoável de que fatores domésticos desempenharam o maior papel na queda de Allende e ele provavelmente teria sido derrubado mais ou menos ao mesmo tempo, ainda que "sem o menor incentivo dos Estados Unidos" (Whitaker, 1976, p. 415. Obviamente, tendo tentado ativamente evitar que Allende assumisse o poder, seria surpreendente se a administração de Nixon facilitasse sua vida, sobretudo considerando alguns eventos durante seus primeiros 12 meses no cargo, como a expropriação de empresas americanas de cobre sem nenhuma compensação (de fato, foi dito a essas empresas que na verdade elas deviam dinheiro ao Chile devido a "lucros excessivos") e a visita de Fidel Castro ao Chile. Embora as operações secretas continuassem, após 1970, a principal ação oficial para influenciar o curso da política chilena foi a pressão econômica. No entanto, as ações de Washington para afetar a economia chilena após a posse de Allende como presidente, apesar das reivindicações, podem ser interpretadas como sendo perfeitamente legítimas. Paralisar empréstimos, e reduzir investimentos, créditos comerciais e ajuda bilateral a um governo identificado em oposição aos interesses norte-americanos e que tinha realmente tomado medidas em uma direção antiamericana só poderia ser considerada como intervenção sob a mais vaga das definições do termo. Após os Estados Unidos terem perdido a aposta de impedir que Allende chegasse ao poder no Chile, seria irrealista dado o ambiente da Guerra Fria esperar que ele financiasse o chamado caminho chileno para o socialismo, que era a plataforma política que apoiava Allende.

De fato, o mandato de Allende como presidente foi caracterizado por enormes dificuldades econômicas e políticas. No entanto, atribuir qual parte das diferentes ações foi resultado direto das políticas dos Estados Unidos e qual parte pertence aos fatores domésticos e a outras condições internacionais é um desafio. Está além do escopo desta pesquisa fazer um extenso exame da gestão econômica de Allende a fim de avaliar sua eficácia, mas, quando se trata de fatores internacionais, não deve ser surpresa que as reformas socialistas executadas por Allende possam assustar alguns dos investidores capitalistas internacionais, particularmente aqueles situados nos Estados Unidos. Além disso, em termos de condições internacionais, talvez mais importante do que qualquer ação individual dos Estados Unidos foi a queda no preço do cobre em 1971, que historicamente representou uma parte significativa das exportações chilenas. Em termos de acesso ao crédito internacional, Paul Sigmund comenta que o Chile "teve um surpreendente sucesso na obtenção de empréstimos de outros países que não os Estados Unidos – e estes não estavam de forma alguma restritos à União Soviética, Europa Oriental e China" (Sigmund, 1974, p. 336). Sigmund afirma que os empréstimos de países comunistas, mais Canadá, Argentina, México, Austrália e Europa Ocidental "foram mais do que suficientes para contrabalançar as reduções vindas de fontes dos Estados Unidos" e que até agosto de 1973, "Allende tinha mais créditos de curto prazo disponíveis para ele ($574 milhões) do que na época de sua eleição para o cargo ($310 milhões)" (Sigmund, 1974, p. 336). Whitaker observa que os cortes nos empréstimos e créditos dos Estados Unidos foram equilibrados por fontes alternativas de outras partes do mundo (Whitaker, 1990, p. 184). Juan Bautista Yofre sugere que somente da Argentina, o Chile havia garantido uma linha de crédito de 100 milhões de dólares (Bautista Yofre, 2000). Comentando a estratégia de pressão econômica dos Estados Unidos, o Relatório Church observou que, embora pudesse funcionar a longo prazo, a curto prazo o Chile "não estava imediatamente vulnerável – capaz de investir, negociar ou impor sanções monetárias pelos Estados Unidos" (Estados Unidos, 1975).

De fato, o ministro das relações exteriores da administração Allende, Clodomiro Almeyda, comentou que embora as ações econômicas dos Estados Unidos possam ter contribuído para a deterioração da situação econômica no Chile, "não se pode dizer que elas tenham sido a principal causa dessas dificuldades" (Almeyda, 1979, p. 127). Em qualquer caso, a importante questão teórica permanece quanto à eficácia da pressão econômica externa, especialmente se exercida unilateralmente, a fim de provocar uma mudança política (Wagner, 1988). O caso de Cuba de Fidel Castro, que era ainda mais dependente economicamente dos Estados Unidos do que o Chile de Allende, parece demonstrar os limites de tal influência.

Mas a influência da economia revela apenas parte da história, pois a situação política de Allende não era muito melhor. Eleito por uma margem de apenas um por cento sobre o candidato que ficou em segundo lugar, Allende presidiu um país dividido e a vida política chilena se tornou cada vez mais polarizada à medida que a economia se afundava. Sua coalizão rapidamente se desfez conforme a esquerda e a ultra-esquerda se dividiram, esta censurando Allende por ser "mais reformista do que revolucionário" (Bautista Yofre, 2000, p. 257). Com o passar do tempo, havia uma noção crescente de que Allende estava perdendo o controle da situação e era comum dizer no Chile que "o Presidente não governa" (Bautista Yofre, 2000, p. 162). Além disso, havia o apoio velado dos Estados Unidos à oposição, o que pode ter contribuído para agravar as tensões políticas, mas é implausível supor que esse apoio tenha sido o principal fator para criar a conflagração. Essa avaliação é idêntica à feita pelo ministro das relações exteriores de Allende, que observou que

> [...] as atividades dos Estados Unidos destinadas a desestabilizar o governo da UP [Unidade Popular] – atividades que as autoridades americanas cinicamente reconheceram – não criaram os fatores que causaram a queda do governo da UP, mas aumentaram e intensificaram o impacto desses fatores (Almeyda, 1979, p. 129; acréscimo nosso).

Ou seja, a floresta chilena já estava queimando quando os Estados Unidos passaram a jogar alguns galões de combustível em meio a um incêndio já bastante alastrado.

Quanto ao envolvimento direto dos Estados Unidos no golpe militar que derrubou Allende, as evidências até o momento parecem ser conclusivas ao indicar que não houve tal participação. Após extensa investigação, o Relatório Church nenhuma prova concreta de assistência direta dos Estados Unidos ao golpe, apesar das frequentes alegações de tal ajuda" (Estados Unidos, 1975). Da mesma forma, o Relatório Hinchey concluiu que a CIA "estava ciente do golpe de estado perpetrado pelos militares", mas que "não instigou o golpe que terminou com o governo de Allende em 11 de setembro de 1973" (Estados Unidos, 2000), dado que

> [...] o consenso dentro do governo americano era que os militares pretendiam lançar um golpe em algum momento, que não precisavam do apoio dos Estados Unidos para um golpe bem-sucedido, e que a intervenção ou assistência dos Estados Unidos em um golpe deveria ser evitada (Estados Unidos, 2000).

De fato, continua o relatório, após a posse de Allende, "o objetivo a longo prazo do governo dos Estados Unidos" não era um golpe militar, mas "manter a oposição ativa na esperança de que ela pudesse derrotar Allende nas eleições de 1976" (Estados Unidos, 2000). Essas conclusões corroboram a alegação do embaixador dos Estados Unidos no Chile,

Nathaniel Davis, de que ele "não se envolveu em conspiração de golpe" e que ele "não tinha conhecimento de nenhum dos Estados Unidos" (Davis, 1985, p. 348). Como observou Whitaker, a responsabilidade dos Estados Unidos no golpe que derrubou Allende parece ser muito limitada "à decepção, sem dúvida, dos criadores da política norte-americana em relação a Allende, que se lisonjearam com seu sucesso" (Whitaker, 1976, p. 415).

Mas se é verdade que Davis não se envolveu em conspiração de golpe, há fortes evidências de que seu colega brasileiro no Chile aparentemente não compartilhou do mesmo comportamento. Embora refutando a noção de que os Estados Unidos ajudaram na trama do golpe, Davis observou que "não há dúvida real em minha mente de que as alegações de uma conexão brasileira são verdadeiras" (Davis, 1985, p. 332). O antecessor de Davis em Santiago, Edward Korry, que serviu como embaixador de 1967 a 1971, foi ainda mais explícito quando declarou em 1981 que "a CIA não derrubou Allende [...]. Ela quase não desempenhou nenhum papel. O verdadeiro apoio técnico e psicológico veio do governo militar do Brasil" (Korry, 1981). Anteriormente, Korry havia mencionado que o apoio brasileiro ao golpe era um "segredo bem guardado" em Washington (Korry, 1978, p. 116). Davis narra um episódio de março de 1973, seis meses antes do golpe militar, quando o embaixador brasileiro no Chile o encontrou e "fez uma série de sugestões importantes (que eu deixei de lado), tentando me atrair para o planejamento cooperativo, coordenação entre embaixadas e esforços conjuntos para o fim do governo Allende" (Davis, 1985, p. 363). De fato, há várias indicações que "a cumplicidade do Brasil foi, na verdade, mais extensa do que aparenta" (Bandeira, 1995, p. 227) e que o embaixador brasileiro no Chile, Câmara Canto, estava de fato ativamente envolvido na conspiração do golpe. Bautista Yofre (2000), que conduziu uma extensa pesquisa sobre o embaixador argentino em Santiago durante os anos Allende, conta novamente o episódio de um encontro entre o embaixador argentino e o brasileiro em 1969, quando discutiram a possibilidade de um golpe no Chile no caso de uma vitória do Allende no ano seguinte. Além disso, o pesquisador enfatiza que essa reunião evidenciou as estreitas conexões entre Câmara Canto e os militares chilenos (Bautista Yofre, 2000, p. 33). Da mesma forma, Bandeira comenta que Canto estava "ultimamente relacionado com aqueles que conspiraram contra a ascensão de Allende à presidência do Chile" (Bandeira, 2008, p. 172). Antes da eleição de Allende, Câmara Canto foi informado em Santiago que o exército não o aceitaria como presidente, e quando um golpe de Estado não se concretizou, Canto atribuiu isso à "falta de um líder" (Bandeira, 2008, p. 177). O embaixador argentino informou em Buenos Aires que o Brasil viu a eleição de Allende como uma "dor de cabeça" e "uma fonte de distúrbios para todas as tentativas do país no Cone Sul" (Bautista Yofre, 2000, p. 77). Durante uma atarefada recepção oferecida pela embaixada do Brasil em Santiago alguns dias antes da decisão do golpe, o principal tópico era o golpe militar que estava prestes a acontecer. Um deputado brasileiro próximo a Allende disse que o presidente chileno lhe havia dito dois dias antes do golpe que

> [...] a embaixada brasileira em Santiago era um dos principais focos de subversão contra seu governo, tendo uma atividade mais ostensiva do que a da própria embaixada americana [e que uma semana antes do golpe, Allende estava se preparando para denunciar internacionalmente a] conexão brasileira (*Veja*, 1985).

Além da participação oficial do governo, há também evidências de que os setores privados no Brasil ajudaram na consolidação do golpe. Marlise Simons (1974), que entrevistou empresários e políticos brasileiros, relata que os "negócios e interesses privados" no Brasil "deram dinheiro, armas e conselhos sobre táticas políticas" aos golpistas (1974). Simons ressalta que os empresários brasileiros que ajudaram a conspirar o golpe militar de 1964 no Brasil "foram as mesmas pessoas que aconselharam a direita chilena sobre como lidar com o presidente marxista Allende" e que os empresários chilenos se reuniram com empresários brasileiros para aprender como "preestabelecer o terreno para os militares se moverem" (Simons, 1974). Além disso, receberam conselhos políticos dos brasileiros em instruções clandestinas sobre como criar caos e mobilização, particularmente na exploração do papel feminino na mobilização da sociedade e na marcha pelas ruas. Um político brasileiro teria dito que "ensinamos aos chilenos como usar suas mulheres contra os marxistas, uma vez que vimos mulheres chilenas marchando, sabíamos que os dias de Allende estavam contados" (Simons, 1974). Um membro do Movimento Anticomunista brasileiro alegou que levava dinheiro para organizações anticomunistas no Chile e que o dinheiro vinha "de São Paulo e havia muito" (Simons, 1974). Além disso, há fortes indícios de que a experiência do golpe de 1964 no Brasil foi usada como modelo para os setores civil e militar no Chile (Bandeira, 2008; Simons, 1974). Um historiador brasileiro entrevistado por Simons comentou que "nos dois primeiros dias eu sentia que estava vivendo uma cópia Xerox do Brasil 1964. A linguagem dos comunicados militares do Chile que justificavam o golpe [...] era tão escandalosamente idêntica à nossa, que quase se supõe que tivessem o mesmo autor" (Simons, 1974). Em suma, embora muito menos documentada do que a participação dos Estados Unidos, essas evidências indicam que a participação brasileira nos eventos no Chile também contribuiu para o fogo que consumia a floresta política chilena.

Além disso, enquanto a Argentina era passiva durante o golpe no Chile (Bautista Yofre, 2000), não há evidências de que os Estados Unidos tenham sido informados da data com antecedência (Davis, 1985). Já o Brasil sabia desde o início do golpe com "várias horas de antecedência" (Bautista Yofre, 2000, p. 426). O General Augusto Pinochet, chefe da junta militar que substituiu Allende na presidência, teria dito que "[nós] ainda estávamos atirando quando o embaixador [brasileiro] comunicou o reconhecimento" (Gaspari, 2003, p. 355; acréscimo nosso). De fato, o Brasil foi o primeiro país a reconhecer o novo governo e o embaixador Câmara Canto ficou aparentemente tão contente que foi relatado que ele respondeu ao telefone no dia do golpe: "Nós ganhamos" (Gaspari, 2003, p. 355)[35]. Logo após o golpe, Câmara Canto "coordenou medidas de apoio às novas autoridades" (Bandeira, 1995, p. 228) e o Brasil enviou alimentos e medicamentos, além de ajuda política e militar e um crédito de 200 milhões de dólares para o Chile (Bandeira, 2008). Durante o primeiro ano após o golpe, o Brasil forneceu 150 milhões de dólares em ajuda econômica direta ao Chile, isto é, mais do que aos Estados Unidos (Mello, 1996). Quando o regime de Pinochet capturou pessoas acusadas de subversão, vários relatos indicam que alguns dos torturadores falavam português (Gaspari, 2003). Um dos brasileiros torturados pelo regime militar chileno relata que os agentes brasileiros escreviam as perguntas em português, além disso, o medicamento que ele tomou tinha um rótulo que dizia "doado pela Marinha do Brasil" (Bandeira, 2008, p. 560).

---

35. Para outras informações sobre o processo histórico, cf.: Veja (1985).

Em termos regionais, o golpe de Estado chileno, combinado com os golpes anteriores no Uruguai e na Bolívia, significou o fim do sentimento de isolamento e do cerco no Brasil, indicando, de fato, "uma ampliação da influência regional brasileira" (Mello, 1996, p. 130). Sem dúvida, o governo militar brasileiro "ficou satisfeito com a mudança para a direita no Cone Sul", pois "removeria muitos dos obstáculos políticos aos objetivos do Brasil" na região (Bond, 1981, p. 165). Por outro lado, a Argentina, principal concorrente do Brasil pela influência regional, ficou cada vez mais isolada, o que foi um dos fatores que contribuíram para o golpe militar de 1976 naquele país (Bandeira, 1995; Mello, 1996). Após o golpe de Allende, a comunicação oficial argentina relatou que o Brasil era "o maior beneficiário" do regime e expressou preocupação com o equilíbrio de poder na região (Bautista Yofre, 2000, p. 435).

Todas as provas acima já eram bastante conhecidas e se baseavam, em geral, em entrevistas, testemunhos e comunicação oficial de governos estrangeiros. Como foi sugerido, o pesquisador interessado em explorar em detalhes o papel do Brasil no Chile terá que esperar até que o Brasil disponibilize uma parte maior da documentação relacionada ao seu período militar. No entanto, documentos recentemente desarquivados nos Estados Unidos apresentam a evidência mais forte até o momento do envolvimento oficial do Brasil no Chile. Esses documentos, desarquivados em julho de 2009, referem-se a uma reunião entre o presidente americano Richard Nixon e o presidente brasileiro Emílio Garrastazu Médici, em dezembro de 1971. Os registros da reunião mostram que Nixon e Médici se deram muito bem, compartilharam basicamente os mesmos pontos de vista sobre questões políticas e, em geral, a reunião ocorreu em uma atmosfera particularmente amigável. O general Vernon Walters, que era então o adido militar dos Estados Unidos em Paris e falava vários idiomas, serviu como intérprete para a reunião. Walters relata duas vezes no mesmo memorando que Nixon "ficou muito impressionado com Médici". Ele acrescenta que o presidente dos Estados Unidos estava "maravilhado com a relação pessoal que tinham estabelecido e com a proximidade de suas opiniões. Com muito poucos chefes de estado ele tinha desenvolvido tão rapidamente uma relação tão próxima" (U.S. State Department, 1971). O registro da reunião afirma que Nixon sentiu que ele e Médici:

> [...] tinham se dado tão bem e acharam que suas opiniões eram tão próximas [...] seria importante que eles mantivessem contato próximo e tivessem um meio de se comunicar diretamente fora dos canais diplomáticos normais quando isso pudesse ser necessário (Estados Unidos, 1971d).

Enquanto Nixon nomeou o conselheiro de segurança nacional Henry Kissinger como o representante de tais canais privados, Médici nomeou Gibson Barboza como ministro das relações exteriores. Mais importante, e o que certamente tornará a vida do futuro pesquisador desse tema ainda mais difícil, é o fato de que, segundo Médici, Barboza manteve um "arquivo especial no qual todos os itens foram escritos à mão, instruções ou perguntas do presidente e as respostas de Gibson Barboza todas manuscritas, de modo que nem mesmo os datilógrafos tinham conhecimento delas" (U.S. State Department, 1971). Em suas memórias, Barboza (1992) não fez nenhuma referência a esse episódio, e perguntado anos depois sobre o envolvimento brasileiro no Chile, negou a existência do arquivo (*Veja*, 1985).

Nixon e Médici discutiram vários tópicos e basicamente concordaram em todos eles, desde a política em relação a Cuba até a dificuldade, expressa por Médici, em "lidar e compreender a mentalidade hispano-americana" (U.S. State Department, 1971). Posteriormente, quando Nixon perguntou a Médici sobre a situação no Chile, o presidente brasileiro respondeu categoricamente que "Allende seria derrubado pelas mesmas razões que Goulart havia sido derrubado no Brasil". Entretanto, a passagem mais relevante para os propósitos do argumento apresentado neste capítulo veio depois que Nixon perguntou a Médici sobre sua avaliação a respeito da capacidade das forças armadas chilenas para derrubar Allende. Médici respondeu a Nixon que não só achava que as forças chilenas eram capazes, mas também que "o Brasil estava trocando muitos oficiais com os chilenos". Mais significativamente, Médici reconheceu que "o Brasil estava trabalhando para esse fim" (U.S. State Department, 1971). Essa passagem é de grande importância porque talvez seja o primeiro documento a mostrar uma confirmação oficial de que o governo brasileiro estava trabalhando ativamente para ajudar na queda de Allende. A resposta de Nixon também é pertinente, pois ele observou que "era muito importante que o Brasil e os Estados Unidos trabalhassem de perto neste campo", mas que os Estados Unidos "não poderiam tomar a direção". Nixon continuou dizendo que "se os brasileiros sentissem que havia algo que podíamos fazer para ajudar nesta área, ele gostaria que o Presidente Médici lhe dissesse. Se o dinheiro fosse requisitado ou outra ajuda discreta, talvez pudéssemos disponibilizá-lo". O presidente brasileiro expressou satisfação ao ver "que as posições e opiniões brasileiras e americanas estavam tão próximas" (U.S. State Department). Essa troca de ideias é uma perfeita ilustração da noção de que a coincidência das opiniões americanas e brasileiras, aliada à vontade brasileira de impedir a disseminação de governos associados ao comunismo na América do Sul, tornou possível aos Estados Unidos não tomar a direção e exercer um imperialismo brando em uma ajuda discreta na América do Sul. Se o Brasil, Bolívia, Uruguai e Chile tivessem caído nas mãos dos governos comunistas, é muito improvável, dado o ambiente internacional da Guerra Fria, que os Estados Unidos permanecessem tão discretos.

Outras passagens do relatório da reunião e outros documentos associados reforçam a noção do imperialismo regional brasileiro como um substituto sul-americano do imperialismo norte-americano durante a Guerra Fria. A conclusão do relatório da reunião da Casa Branca sugeriu que Médici "esperava que pudéssemos cooperar estreitamente, pois havia muitas coisas que o Brasil, como país sul-americano, poderia fazer que os Estados Unidos não poderiam" (U.S. State Department). Em seu memorando a Kissinger, Walters notou que "Médici queria fazer tudo o que pudesse para aliviar o fardo do Presidente" (U.S. State Department). Um memorando da CIA sobre a visita de quatro dias do presidente brasileiro aos Estados Unidos mencionou que Médici "pessoalmente acredita que o governo brasileiro deve assumir um papel maior na defesa de governos vizinhos e amistosos" e que ele tinha "colocado a favor de que os Estados Unidos e o Brasil cooperem para ajudar outros países democráticos na América Latina a contrariar a tendência de expansão marxista/esquerdista". O memorando acrescenta que Nixon "se interessou muito por esta proposta e prometeu ajudar o Brasil quando e onde fosse possível" (Estados Unidos, 1971f). Alguns meses após a visita da Médici aos Estados Unidos, uma estimativa do serviço de inteligência nacional intitulada O Novo Curso no Brasil concluiu que

> O Brasil estará desempenhando um papel maior nos assuntos hemisféricos e procurando preencher qualquer vazio que os Estados Unidos deixarem para trás. É improvável que o Brasil intervenha abertamente nos assuntos internos de seus vizinhos, mas o regime não estará acima da ameaça de intervenção ou dos instrumentos da diplomacia e da ação encoberta para se opor aos regimes de esquerda, para manter governos amigos no cargo, ou para ajudar a colocá-los lá em países como Bolívia e Uruguai. Enquanto alguns países podem buscar a proteção do Brasil, outros podem trabalhar em conjunto para resistir às pressões do gigante emergente (Estados Unidos, 1972).

Dado o teor desses documentos, é surpreendente que grande parte da repercussão na mídia no momento de seu desarquivamento os tenha interpretado como uma tentativa da parte de Nixon de "alistar o Brasil em um golpe" (Zajac, 2009), tendo em vista o fato de que "o cultivo de Médici se encaixa no padrão de Nixon e Kissinger de recrutamento de chefes de estado conservadores para a causa da Guerra Fria nos Estados Unidos" (Barrionuevo, 2009). Sem uma estrutura analítica alternativa para compreender o relacionamento entre os Estados Unidos e a América do Sul, esses pesquisadores tendem a moldar os fatos de acordo com suas noções pré-concebidas, nas quais os Estados Unidos têm um controle virtualmente completo e homogêneo sobre os países mais fracos ao sul do Rio Grande. Portanto, mesmo que os documentos acima mencionados indiquem que foi na verdade o presidente brasileiro que alistou ou recrutou um Nixon muito hospitaleiro para combater a tendência de expansão marxista/de esquerda na América do Sul, a abordagem convencional do sistema internacional centrado nas grandes potências dificulta uma análise mais precisa desses documentos primários, reforçando assim um ciclo que afeta a percepção dos pesquisadores que só tinham acesso a fontes secundárias.

Suriname: um episódio esquecido

Assim como os exemplos da Bolívia e do Uruguai sugerem, a existência de uma conexão brasileira em relação ao golpe militar chileno de 1973 não deve surpreender, pois é evidente que o governo militar brasileiro estava pelo menos tão preocupado quanto o governo dos Estados Unidos com a ascensão das forças políticas inclinadas ao comunismo. Dez anos depois, com a Guerra Fria ainda em plena força, os acontecimentos em outro país sul-americano demonstrariam a diferença que um subsistema regional faz.

Em 25 de outubro de 1983, os Estados Unidos conduziram sua primeira grande operação militar desde a Guerra do Vietnã, quando oito mil soldados invadiram a ilha caribenha de Granada sob a tradicional lógica da Guerra Fria de impedir a propagação do comunismo. Devido à natureza dessa operação – uma intervenção aberta e armada – o caso de Granada é minuciosamente estudado e mencionado na literatura como um exemplo da disposição intervencionista dos Estados Unidos no hemisfério ocidental. No entanto, um caso muito semelhante, mais ou menos no mesmo momento e em um país a apenas algumas centenas de quilômetros de Granada, teve um resultado muito diferente e por isso é praticamente ignorado pela literatura. Assim como Granada, o Suriname também foi um país governado por um ditador alinhado ao governo de Fidel Castro em Cuba. Além disso, o Suriname também era considerado uma posição estratégica devido à sua localização geográfica próxima ao Mar do Caribe. Consequentemente, o Suriname também era uma das preocupações para a administração de Ronald Reagan no hemisfério.

Ao contrário de Granada, o Suriname dividiu uma fronteira com o Brasil, e na década de 1980 poderia ser considerado parte do subsistema regional sul-americano. A análise de como o caso de Suriname se desdobrou em contraste com o caso de Granada é uma boa ilustração de como fatores subsistêmicos contribuíram para evitar uma intervenção militar dos Estados Unidos no subsistema da América do Sul, mantendo assim como um império ausente na região.

Após 1980, quando um golpe militar sob a liderança de Dési Bouterse derrubou o governo do Suriname e declarou o país como uma República Socialista, a CIA começou a monitorar a situação política surinamense. Em dezembro de 1982, 15 pessoas que se identificavam com a oposição foram presas e executadas, o que chamou a atenção mundial para o Suriname e levou a CIA a desenvolver alguns planos para invadir o país. Esses planos e os eventos que se seguiram foram mantidos em sigilo por todos os insurgentes até recentemente. Talvez a melhor fonte até hoje sobre essa questão seja o livro de Paul Kengor e Pat Clark Doerner, *The Judge: William P. Clark, Ronald Reagan's Top Hand*, publicado em 2007. Kengor e Doerner descrevem os eventos no Suriname como "o segredo mais bem guardado em Washington" na época (2007, p. 212). Eles acrescentam que os participantes "quase não tomaram notas e mantiveram poucos registros escritos de seu envolvimento" (2007, p. 203). Assim, para escrever o capítulo sobre o Suriname, Kengor e Doerner entrevistaram vários dos participantes daquele evento, com destaque para William P. Clark, uma das figuras centrais na primeira administração de Reagan, atuando como secretário de Estado adjunto de 1981 a 1982, assessor de segurança nacional de 1982 a 1983 e secretário do interior de 1983 a 1985. Clark foi um participante-chave no caso Suriname; ele indica que foi enviado em uma viagem secreta ao Brasil e Venezuela em 1983 para desenvolver, como Ronald Reagan registrou em seus diários, um plano para "expulsar o ditador" do Suriname que "exigia sua cooperação [Brasil e Venezuela]" (Reagan; Brinkley, 2007, p. 141; acréscimo nosso).

O caso do Suriname ilustra a noção desenvolvida ao longo deste capítulo de que o papel do Brasil no subsistema sul-americano afetou a estrutura de custos e benefícios da ação norte-americana durante a Guerra Fria. A opção de contar com o Brasil para lidar com a situação permitiu aos Estados Unidos limitar sua participação nesse subsistema, o que se torna ainda mais claro quando comparado com o resultado em Granada. Como Kengor e Doerner apontam, a principal esperança da viagem secreta de Clark à América do Sul "era que os venezuelanos e brasileiros pudessem ser encorajados a limpar sua própria vizinhança em vez de enfrentar alguma forma de intervenção militar americana" (Kengor; Doerner, 2007, p. 211). A primeira parada da viagem de Clark foi em Caracas, onde o plano dos Estados Unidos de contar com a cooperação venezuelana foi frustrado. Por outro lado, a reunião de Clark com o presidente brasileiro João Batista Figueiredo produziu resultados muito diferentes. Enquanto os venezuelanos não estavam dispostos a ajudar, em Brasília, por sua vez, Clark encontrou "um Brasil extremamente útil e não anunciado" (Kengor, 2008). Com a Venezuela fora da equação, o principal objetivo de Clark em Brasília "era persuadir os brasileiros a cuidar do problema de Bouterse por conta própria, para tornar desnecessário que os Estados Unidos organizassem e orquestrassem um grande desdobramento" (Kengor; Doerner, 2007, p. 216) e apresentou aos brasileiros cenários detalhados para a invasão do Suriname.

Como comentam Kengor e Doerner, a apresentação do plano teve um efeito importante sobre os generais brasileiros, pois "o alto comando brasileiro ficou abalado pela imagem de forças norte-americanas desembarcando na América do Sul" (Kengor; Doerner, 2007, p. 211). Após a apresentação de Clark, os brasileiros chegaram a um plano que não incluía uma força de invasão, já que Figueiredo "não queria uma operação militar, nem brasileira nem americana. No entanto, ele e seus colegas também temiam uma presença soviética no vizinho" (Kengor; Doerner, 2007, p. 217). A estratégia brasileira incluía um pacote de assistência e cooperação, incluindo ajuda militar, a fim de substituir a presença cubana e soviética pela influência brasileira. O governo Reagan chamou essa ação de Operação Gymnich, em referência ao nome de um cavalo que Figueiredo havia dado a Reagan após uma reunião entre eles. Como se viu, a proposta brasileira foi "suficiente para evitar que o Suriname se tornasse marxista e uma base de operação soviético-cubana no Atlântico" (Kengor, 2008). Conforme argumenta Bandeira (2008), o Brasil desenvolveu sua Região Norte durante as décadas de 1970 e 1980, a fim de evitar a penetração de potências estrangeiras na Região Amazônica. Portanto, conclui Bandeira, "uma vez que não podia simplesmente negar colaborar com os Estados Unidos, a administração Figueiredo, para evitar a invasão do Suriname, já decidida por Washington, assumiu a responsabilidade de resolver pacificamente a questão" (Bandeira, 2003, p. 458). Todo o acordo foi mantido em segredo e ambos os lados prometeram confidencialidade, o que explica por que esse evento em grande parte não foi contabilizado.

Um dos principais participantes da missão brasileira enviada ao Suriname para oferecer o pacote foi o diplomata

Luiz Felipe Lampreia, que mais tarde se tornou embaixador naquele país sob o comando de Figueiredo e depois ministro das relações exteriores entre 1995 e 2001 durante toda a administração de Fernando Henrique Cardoso. Em 2010, Lampreia publicou suas memórias, o que ajudou a trazer informações adicionais sobre os eventos no Suriname. Lampreia lembra que durante o encontro entre Clark e Figueiredo, o presidente brasileiro "recusou o convite" para participar da invasão do Suriname, "mas disse que, tratando-se de um país vizinho, o Brasil considerava que a situação no Suriname merecia uma reação adequada e exclusivamente brasileira", porque o governo brasileiro "considerava que o assunto era de sua responsabilidade" (Lampreia, 2010, p. 110). Assim, nasceu o plano de oferecer apoio técnico, econômico e material em troca da remoção dos cubanos, que, segundo Lampreia, totalizavam cinquenta milhões de dólares (Lampreia, 2010, p. 112). Para Lampreia, Bouterse e os militares surinamenses eram mais oportunistas do que ideológicos e, portanto, o plano tinha uma grande chance de sucesso sem a necessidade de uma intervenção militar. De fato, apesar de Reagan ser cético em relação à proposta brasileira e oferecer ajuda americana "se vocês quiserem, e quando vocês pedirem", ele aceitou a proposta brasileira e desejou sorte a Figueiredo (Lampreia, 2010, p. 111). Temendo a possibilidade de uma invasão brasileira, Bouterse aceitou de bom grado o plano, a presença cubana no Suriname foi muito reduzida e a operação foi considerada um sucesso. "Nem um tiro foi disparado", celebrou Clark em um memorando a Reagan (Kengor; Doerner, 2007, p. 218). Enquanto o pacote brasileiro era implementado no Suriname, os Estados Unidos se preparavam para enviar tropas para Granada.

Conclusão do capítulo

O período da Guerra Fria oferece talvez a melhor oportunidade para testar a hipótese desta pesquisa de que a dinâmica específica do subsistema sul-americano contribuiu para manter os Estados Unidos como um país ausente nessa parte do hemisfério. Devido às características particulares da ordem bipolar, os incentivos para que os Estados Unidos interviessem em tentativas de países distantes como Coréia e Vietnã eram muito maiores. Dentro desse contexto, é improvável que qualquer administração dos Estados Unidos tolerasse que países da América Latina caíssem nas mãos de governos comunistas, especialmente por conta do simbolismo que isso representaria. Portanto, as justificações usuais para a relativa falta de envolvimento ou interesse dos Estados Unidos na América do Sul, como distância geográfica ou irrelevância estratégica, têm talvez sua capacidade explicativa mais frágil durante esse período, que foi fortemente caracterizado por um confronto ideológico que não necessariamente seguiu cálculos estratégicos. De fato, sucessivas administrações americanas demonstraram grande preocupação com o progresso dos acontecimentos na América do Sul e pelo menos dois presidentes estiveram perto de intervir e derrubar governos sul-americanos inclinados ao comunismo. Tais ações não seriam uma surpresa, pois replicariam um padrão de comportamento que tinha sido bastante evidente na América Central e no Caribe. No entanto, apesar do interesse na América do Sul e da disposição de intervir e recorrer às soluções imperiais, o melhor que os Estados Unidos podiam fazer era exercer uma espécie de imperialismo brando. Essa diferença entre intenções e resultados deve ser explicada e este capítulo pretendeu oferecer alguns apontamentos, empregando a perspectiva subsistêmica regional.

Assim, seguindo a estrutura estabelecida nos capítulos 2 e 3, este capítulo buscou explicar a relativa ausência dos Estados Unidos da América do Sul durante a Guerra Fria, analisando como o Brasil afetou a estrutura de custos e as benfeitorias da mudança subsistêmica naquele período. Em outras palavras, os objetivos de política externa do Brasil no subsistema sul-americano coincidiram basicamente com os objetivos dos Estados Unidos, aumentando assim os benefícios para a manutenção do *status quo* estadunidense, diminuindo os incentivos para soluções imperiais, tal qual um golpe de Estado. O crescimento econômico do Brasil na época, combinado com o caráter autoritário do regime militar, criou as condições para um imperialismo regional brasileiro que trabalhou ativamente para conter a propagação dos governos associados ao comunismo na América do Sul. Como este capítulo pretendia demonstrar, essa política foi resultado da visão do Brasil sobre seus interesses nacionais e não foi dirigida a partir de Washington. Uma parte importante do argumento aqui apresentado foi a desconstrução do mito de que o anticomunismo era uma prerrogativa dos Estados Unidos e que de alguma forma isso deveria ser incorporado pelos países sul-americanos por meio do trabalho diligente de doutrinação planejado a partir dos escritórios em Washington. Obviamente, os Estados Unidos estavam dispostos a agir, mas as ações tomadas não iam além de suprir uma demanda existente por coisas, como dinheiro, equipamentos e armamentos. Devido à vontade do Brasil de desempenhar um papel imperial regional durante o período em estudo neste capítulo, como claramente demonstrado pelos casos da Bolívia, Uruguai e Suriname, não havia necessidade de uma política imperial da parte dos Estados Unidos na América do Sul. Conforme demonstrado, o Brasil considerou a América do Sul como sua área de influência e essa percepção continuou muito presente durante a Guerra Fria.

É dentro desse contexto que o golpe militar de 1973 no Chile deve ser entendido. O golpe chileno é um caso especialmente difícil de testar a hipótese aqui apresentada porque é amplamente mencionado na literatura como seguindo o mesmo padrão das intervenções dos Estados Unidos em outros lugares da América Latina. Para fazer um contraponto a essa visão, este capítulo examinou a extensão do envolvimento dos Estados Unidos no Chile. Como os Estados Unidos trabalharam para evitar a ascensão de Salvador Allende ao poder, e como ele acabou sendo derrubado por um golpe militar, a tentação de ligar os pontos e estabelecer uma relação causal é alta. Isso é favorecido pelo habitual trabalho de enquadramento da hegemonia americana na América Latina e, embora possa explicar com razoável adequação casos similares na América Central e no Caribe durante a Guerra Fria, não fornece uma explicação satisfatória para o caso do Chile. O enigma apresentado pelo Chile é a razão pela qual os Estados Unidos deixaram de ter uma solução imperial, ao contrário do que haviam feito em outros lugares do mundo. Conforme este capítulo propôs mostrar, cada passo dado pelos Estados Unidos tanto na administração democrática como na republicana para evitar que Allende fosse eleito e, mais tarde, impedi-lo de tomar posse falhou categoricamente. Dado o resultado de 1970, se se deseja oferecer uma interpretação que o atribua aos trabalhos das agências de inteligência estrangeiras, o mérito provavelmente deveria ir para a KGB e não para a CIA. A explicação restante para ligar a queda de Allende às ações tomadas pelos Estados Unidos, já que não há provas claras do envolvimento estadunidense direto no golpe que derrubou o então presidente chileno, é o fato de que os Estados Unidos tentaram desestabilizar o governo de Allende por meio de medidas econômicas. Essa explicação tem pelo menos duas inconsistências: uma é que ela tende a atribuir aos Estados Unidos todas as adversidades da economia chilena, o que é discutível; a outra, é que ela faz uma conexão direta entre as ações econômicas dos Estados Unidos e o resultado político no Chile, o que não é claro.

A ênfase excessiva das ações dos Estados Unidos, que é muito favorecida pela abundância de documentação disponível de fontes americanas, retira o foco de outros países que também podem ter desempenhado um papel intervencionista no Chile. Devido à política externa brasileira na época, que foi ilustrada por suas ações na Bolívia e no Uruguai, pode-se suspeitar que o Chile também seria uma preocupação para o regime militar brasileiro. De fato, há uma série de evidências circunstanciais – confirmadas por dois embaixadores dos Estados Unidos em Santiago – que afirma que o Brasil estava trabalhando ativamente com golpistas chilenos. A falta de documentação de fontes brasileiras sobre o envolvimento do Brasil no Chile, porém, dificulta a vida do pesquisador interessado em demonstrar sua extensão. Apesar disso, documentos desarquivados recentemente nos Estados Unidos parecem fornecer a evidência mais clara de que o Brasil estava de fato tomando medidas para ajudar na derrubada de Allende. Esses documentos referem-se a uma reunião entre o Presidente Médici e o Presidente Nixon, que mostra o reconhecimento de que o Brasil estava trabalhando para derrubar Allende e que Nixon estava satisfeito em poder contar com o Brasil para limitar o envolvimento dos Estados Unidos no Chile. Em termos da estrutura teórica aqui desenvolvida, o intercâmbio Nixon-Médici é uma clara demonstração de como o Brasil afetou os cálculos de custo-benefício dos Estados Unidos, o que fez com que os Estados Unidos não recorressem a uma estratégia imperial no subsistema sul-americano.

5
Negociando a Alca: o subsistema sul-americano após a Guerra Fria

A desintegração da antiga União Soviética e o fim da ordem bipolar que caracterizou a Guerra Fria combinado com a proliferação de regimes democraticamente eleitos na América do Sul criariam mais uma vez novas oportunidades para o desenvolvimento de novos padrões diplomáticos na esfera do hemisfério ocidental, o que poderia eventualmente levar a mudanças subsistêmicas. Com os Estados Unidos como a única superpotência restante em um sistema internacional reconfigurado, e com os temores de uma tomada de poder comunista de influência soviética na América Latina a partir dos cálculos dos formuladores de políticas, as questões econômicas tendiam a eclipsar a predominância anterior das questões de segurança. Assim, os principais prós e contras para o desenvolvimento de padrões comparativamente novos de relacionamento nas Américas no imediato pós-Guerra Fria foi por meio do estabelecimento de um bloco regional comercial abrangente que seria suficientemente relevante para criar padrões de comércio e interdependência entre as tentativas do país no hemisfério e possivelmente se espalhar para outras arenas, incluindo as da política e da segurança[36].

---

36. Para as implicações políticas e de segurança da Alca, cf.: Fauriol; Perry (1999); Franko (2000).

De fato, a década de 1990 começou com tal promessa após a conclusão do Acordo de Livre-Comércio da América do Norte (Nafta) e o início das negociações para uma Área de Livre Comércio das Américas (Alca), em 1994. Mas, depois de muitos anos de debate, a Alca não chegou a se concretizar e, em vez da criação de padrões radicalmente novos de relacionamento, o que realmente aconteceu foi o reforço e o aprofundamento dos padrões anteriores ao longo das linhas subsistêmicas regionais. Na verdade, a análise do processo que levou à ascensão e queda das negociações sobre a Alca apresenta mais uma oportunidade para observar o funcionamento das pressões subsistêmicas regionais que contribuem para afetar o resultado das políticas externas dos Estados Unidos em relação à América do Sul.

A escolha neste capítulo em se concentrar nas negociações da Alca como um estudo de caso não significa que a perspectiva política que caracterizou os capítulos prévios será abandonada em favor de uma abordagem mais econômica e comercial. Em vez disso, a fim de preservar um certo nível de homogeneidade nos capítulos, esta seção se concentrará na dimensão política dos processos de integração regional baseados na liberalização do comércio[37]. Portanto, a análise se afastará dos efeitos específicos que a Alca teria sobre os padrões de comércio a fim de explorar o aspecto político de uma interdependência econômica que, em geral, seria produzida ou, pelo menos, a percepção que os formuladores de políticas têm desse aumento de interdependência. A suposição subjacente é que a conclusão de uma área de livre-comércio no hemisfério ocidental reforçaria a hege-

---

37. A relação entre interdependência econômica e influência política é explorada na obra pioneira de Albert Hirschman (1945), *National Power and the Structure of Foreign Trade*. Mais tarde, essa noção foi retomada por Robert Keohane e Joseph Nye (1977).

monia dos Estados Unidos, particularmente na América do Sul, uma vez que o México, os estados do Caribe e a América Central já dependiam do mercado estadunidense em um grau muito mais alto do que o resto da América Latina. Em outras palavras, o estabelecimento da Alca poderia representar um passo importante na fusão dos subsistemas da América do Norte e da América do Sul por intermédio da criação de novos padrões de interação.

O principal argumento desta seção é que o resultado das negociações relativas ao estabelecimento de um livre--comércio das Américas reproduz o padrão histórico exposto nos capítulos anteriores, nos quais o papel do Brasil foi fundamental para compreender a relativa ausência dos Estados Unidos no subsistema regional sul-americano. Embora mantendo o tema geral dos Estados Unidos como um império ausente na América do Sul, não há sugestão neste capítulo de que a instituição de uma área de livre-comércio no hemisfério ocidental deva necessariamente corresponder a uma ofensiva imperial por parte dos Estados Unidos[38]. De fato, tanto o Nafta quanto a Alca poderiam ser entendidos mais como um impulso dos estados latino-americanos do que como uma ideia exclusiva dos Estados Unidos, já que aquele começou como uma iniciativa mexicana (aprovada pela Câmara de Representantes dos Estados Unidos por uma margem relativamente estreita de 234 votos a favor e 200 votos contrários), ao passo que a proposta da segunda foi recebida com entusiasmo na maioria das capitais latino--americanas. Essa advertência é importante porque marca uma diferença de tom em relação aos capítulos anteriores

---

38. Para mais informações, cf.: Petras (2002). Esse ponto de vista geralmente está relacionado à noção de imperialismo e não à noção de império conforme explicado no capítulo introdutório.

e a noção de ausência se torna agora mais saliente do que a noção de império, como definida na introdução deste livro. O que importa para os propósitos deste capítulo é o fato de que o desenvolvimento das negociações para a Alca oferece uma boa oportunidade para investigar mais um caso em que os formuladores de políticas dos Estados Unidos demonstraram um claro interesse em expandir sua presença na América do Sul – agora em um ambiente internacional completamente diferente dos dois períodos analisados anteriormente –, ainda que a ausência relativa estadunidense acabou se repetindo.

Este capítulo examina as origens da proposta da Alca, mostrando que a ideia de uma área de livre-comércio foi lançada ao mesmo tempo em que cada um dos subsistemas regionais do hemisfério ocidental estava consolidando as próprias instituições regionais em torno de estados centrais: O Nafta na América do Norte e o Mercosul na América do Sul. Dessa forma, os Estados Unidos viram um acordo de livre-comércio hemisférico como uma extensão do Nafta e, consequentemente, o Mercosul foi logo percebido como um incômodo pelos formuladores de políticas estadunidenses. Da mesma forma, o Brasil demonstrou claras ressalvas quanto ao estabelecimento de uma área de livre-comércio nas Américas desde o início, um sentimento que inicialmente não era compartilhado por seus vizinhos. Portanto, ao contrário dos períodos anteriores examinados por esta pesquisa, os interesses do Brasil e dos Estados Unidos agora se chocavam, e dadas as disparidades de poder entre os dois países, seria razoável esperar que o resultado favorecesse o ponto de vista estadunidense. A estratégia do Brasil era liderar a formação de um bloco sul-americano, elevando assim os custos aos Estados Unidos para pressionar por um acordo que poderia ter o potencial de afetar o *status quo* na América do Sul.

Portanto, defendo que a estratégia de liderança do Brasil foi facilitada pela falta dela por parte dos Estados Unidos. Também mostro que uma crise econômica em cada um dos subsistemas regionais (América do Norte e na Argentina na América do Sul) atuou como catalisador na dinâmica subsistêmica, tornando ainda mais evidente a separação entre esses dois subsistemas regionais. A combinação desses fatores levou ao eventual desaparecimento da Alca, com o Brasil buscando, cada vez mais, institucionalizar o subsistema sul-americano, enquanto os Estados da Unidos recorria aos acordos bilaterais com países que partilhavam da mesma visão nesse subsistema regional.

Nafta e Mercosul

Alguns meses depois que os Estados Unidos assinaram um acordo de livre-comércio com o Canadá no fim da década de 1980, o presidente mexicano Carlos Salinas aproximou-se de seu homólogo americano George Bush, no início de 1990, com a ideia de um acordo de livre-comércio entre os dois países. Inicialmente, essa proposta "veio como uma surpresa" para o governo Bush (Mayer, 1998, p. 41), já que sua prioridade máxima de política comercial era a conclusão da chamada Rodada Uruguai para o Acordo Geral sobre Tarifas e Comércio (Gatt), que eventualmente levaria à criação da OMC. Apesar da hesitação inicial, o governo Bush logo abraçou a ideia, pois um acordo com o México foi visto do ponto de vista de Washington, como "parte de uma estratégia global de construir" uma "base continental" centrada nos Estados Unidos (Mayer, 1998, p. 42). Portanto, em agosto de 1990, o Presidente Salinas solicitou oficialmente um acordo de livre-comércio com os Estados Unidos. Os canadenses, que haviam acabado de travar uma feroz batalha doméstica pela conclusão de seu próprio acordo de livre-comércio com os Estados Unidos, não quiseram se envolver inicialmente, mas percebendo que pouco ganhariam ficando à margem dessa relação, decidiram integrar o acordo e, consequentemente, juntaram-se à negociação no início de 1991. Assim, o que inicialmente era uma negociação bilateral, tornou-se uma negociação trilateral e, assim, foi criada a base para o tratado conhecido como Acordo de Livre-Comércio Norte-Americano (Nafta). Mais do que um simples acordo de livre-comércio; em nível político, o Nafta permitiu ao governo dos Estados Unidos reafirmar os princípios do livre-comércio internacional "como um símbolo e uma realidade de uma nova ordem econômica inaugurada pelos Estados Unidos como parte de sua vitória na Guerra Fria" (Domínguez; Fernández de Castro, 2009, p. 26). De fato, no meio das negociações com o México, o governo Bush revelou sua iniciativa Enterprise for the Americas (EAI), um programa hemisférico do qual um dos objetivos centrais era a extensão do livre-comércio a todas as Américas. Dentro da estrutura de uma nova ordem mundial, o Nafta seria assim apenas uma base continental estratégica da qual os Estados Unidos liderariam o mundo pós-Guerra Fria, começando por reafirmar sua liderança no hemisfério ocidental. Portanto, o interesse dos Estados Unidos na integração hemisférica poderia ser interpretado como algo além da noção de benefícios econômicos, dadas as "possibilidades que oferece para o reforço dos fundamentos estruturais e ideológicos da hegemonia dos Estados Unidos, consistentes com suas estratégias globais paralelas" (Phillips, 2003, p. 331).

A visão de uma área hemisférica de livre-comércio apresentada pelo Presidente Bush foi adotada pelas administrações subsequentes dos Estados Unidos até seu desaparecimento em meados dos anos de 2000, durante a segunda administração de Bush. Enquanto o primeiro presidente Bush (pai) lançou a ideia geral e iniciou o Nafta, a administração de Bill Clinton concluiu as negociações do Nafta e tornou a Alca uma de suas principais prioridades de política externa na América Latina, uma abordagem que foi seguida por seu sucessor. De acordo com um dos participantes nos estágios iniciais da Alca, havia um sentimento crescente na administração Clinton em 1992 de que uma cúpula hemisférica "seria um seguimento lógico do Nafta" (Feinberg, 1997, p. 58). O Presidente Clinton tinha a expectativa de que a conclusão do Nafta permitiria aos Estados Unidos "usar o precedente mexicano para entrar em toda a América Latina" (Feinberg, 1997, p. 66). Assim, em 1993, a administração de Clinton anunciou que uma cúpula ocorreria em Miami em dezembro de 1994 para discutir uma série de questões hemisféricas. Durante a Cúpula de Miami, que contou com a participação de todos os países do hemisfério, exceto Cuba, os países participantes anunciaram o objetivo de uma área hemisférica de livre-comércio a ser estabelecida até o ano de 2005, marcando assim o início das negociações da Alca.

O ano em que a Cúpula de Miami foi convocada foi particularmente relevante para a integração hemisférica. Em janeiro de 1994, o Nafta, que havia sido aprovado pelo Congresso dos Estados Unidos no fim de 1993, entrou em vigor. Em dezembro daquele ano, poucos dias após a Cúpula de Miami, Argentina, Brasil, Paraguai e Uruguai assinaram no Brasil o Protocolo de Ouro Preto, que complementou o Tratado de Assunção de 1991 e estabeleceu a base institucional do Mercosul[39], dando assim ao Mercosul personalidade

---

39. Apesar da preferência do autor deste livro pelo termo em português (Mercosul), o uso da forma espanhola (Mercosur) é a mais usada na literatura em inglês.

jurídica de direito internacional, provendo-o da capacidade como ator eficaz na arena internacional. No primeiro dia de 1995, os quatro países do Mercosul introduziram uma tarifa externa comum cobrindo cerca de oito a cinco por cento das mercadorias comercializadas dentro do bloco, transformando assim o Mercosul em uma união aduaneira, embora imperfeita pelo fato de algumas das mercadorias ficarem de fora do escopo da tarifa. Do ponto de vista econômico, o Mercosul tem sido o segundo maior bloco comercial no hemisfério depois do Nafta em termos de PIB combinado, e o quarto no mundo atrás da União Europeia (UE), Nafta e da Associação das Nações do Sudeste Asiático (Asean). Portanto, qualquer significado para a integração regional completa no hemisfério ocidental teria que acomodar a realidade do Mercosul. Do ponto de vista dos Estados Unidos, a integração hemisférica significou a absorção do Mercosul em um Nafta ampliado, com os Estados Unidos no centro. De fato, membros da administração Clinton expressaram várias vezes que o Mercosul era visto como prejudicial à Alca e "uma ameaça ao regionalismo hemisférico" (Bernier; Roy, 1999, p. 69)[40]. Como foi apontado acima, o desenho ideal para a administração Clinton seria basicamente estender o modelo do Nafta para o sul. Dado o peso econômico dos Estados Unidos, tal arranjo poderia ter o potencial de eventualmente absorver o subsistema regional sul-americano se ele acabasse criando padrões de relacionamento no hemisfério suficientemente relevantes para trazer uma homogeneização de uma periferia latino-americana organizada em torno de um centro norte-americano.

Devido às perspectivas de alteração do *status quo* no subsistema sul-americano, esse cenário era temido pelo Brasil,

---

40. Para mais informações, cf.: Bandeira (2004); Carranza (2000); Smith (2010).

que desde o início manteve as suspeitas de estabelecimento do livre-comércio nas Américas e o viu como um "obstáculo aos projetos da liderança brasileira dentro da ordem regional" (Cervo; Bueno, 2008, p. 488). De fato, o ministro das relações exteriores brasileiro durante o governo de Fernando Henrique Cardoso descreveu a Alca como uma ferramenta para consolar a "preponderância econômica dos Estados Unidos no continente" e como uma "ameaça potencial" ao Brasil, refletindo assim a visão do governo Clinton sobre o Mercosul (Lampreia, 2010, p. 183). Quando a iniciativa EAI foi revelada em 1991, o Brasil era claramente "o menos entusiasta entre os países participantes para avançar na integração hemisférica" (Rompay, 2004, p. 120). De fato, a posição oficial brasileira em relação ao livre-comércio hemisférico tem sido, tal qual a posição oficial dos Estados Unidos, consideravelmente consistente ao longo do tempo, permeando quatro diferentes administrações de diferentes perspectivas políticas. Basicamente, a estratégia do Brasil tem sido a de assegurar e reforçar sua posição dentro do subsistema sul-americano, a fim de evitar sua absorção por um subsistema hemisférico centralizado no poder estadunidense. Nesse contexto, o estabelecimento do Mercosul, por meio do Tratado de Assunção, em 1991, foi uma importante estratégia de cooperação. Assim que George Bush anunciou sua iniciativa EAI, a administração de Fernando Collor de Mello no Brasil respondeu que só negociaria um acordo hemisférico dentro do marco 4+1, ou seja, os quatro países do recém-criado Mercosul tomariam uma posição conjunta ao negociar com os Estados Unidos. Em 1993, no mesmo ano em que o Nafta foi aprovado pelo Congresso americano, a administração de Itamar Franco fez uma proposta para uma Área de Livre-comércio Sul-Americana (Alcsa) (Carranza,

2000; Cervo; Bueno, 2008; Vizentini, 2004). Esses primeiros esforços demonstram a preocupação brasileira em assegurar uma base continental para si, a fim de contrariar as perspectivas de uma ofensiva comercial estadunidense na América do Sul. De fato, quando Fernando Henrique Cardoso era o ministro das relações exteriores, ele falou sobre a noção de uma "plataforma sul-americana" (Cardoso, 1994, p. 185) e, mais tarde, como presidente, referiu-se ao Mercosul como "um polo a partir do qual organizaremos o espaço sul-americano" (Toledo, 1998, p. 127). Conforme será mostrado abaixo, esses esforços foram continuados e depois aprofundados em gestões administrativas brasileiras subsequentes.

A estratégia oficial brasileira para o livre-comércio hemisférico estava, não por acaso, longe de gozar de unanimidade na América do Sul. De fato, duas das maiores potências da região, Argentina e Chile, ficaram muito entusiasmadas com a possibilidade de chegar a um acordo com os Estados Unidos o mais rápido possível, idealmente antes do prazo de 2005. Em uma completa inversão de sua posição historicamente polêmica em relação aos Estados Unidos, o governo argentino tornou-se um de seus mais fervorosos apoiadores durante a maior parte da década de 1990. Distante e muitas vezes conflituosa com as iniciativas da política externa dos Estados Unidos em boa parte de sua história, a Argentina empreendeu uma mudança completa nessa posição sob a administração de Carlos Menem e procurou estabelecer, conforme as palavras do ministro das relações exteriores de Menem, "relações carnais" com os Estados Unidos (Munck, 1992, p. 210). Talvez a melhor indicação dessa relação renovada seja o fato de que a Argentina concedeu frotas navais para a Guerra do Golfo em 1991, sendo o único país latino-americano a participar do conflito. Em 1998, os Estados Unidos retribuíram a cooperação argentina, designando a Argentina como um grande aliado fora da Otan, também único país latino-americano a ter essa distinção. Dentro desse contexto, um acordo comercial com os Estados Unidos foi uma extensão lógica da política externa argentina, que chegou a incluir a possibilidade de uma adesão ao Nafta. Entretanto, a Argentina não podia assinar livremente um acordo bilateral com os Estados Unidos sem romper com o Mercosul como uma união aduaneira, o que possivelmente criaria problemas diplomáticos com o Brasil, assim como afetaria a economia argentina, já que o Mercosul era um mercado mais importante para a Argentina do que os Estados Unidos. Vale ressaltar que em 1994, ano anterior à vigência do Protocolo de Ouro Preto, a Argentina exportou para o Brasil duas vezes mais em valor comercial do que para os Estados Unidos. Portanto, ao direcionar as tratativas econômicas com a Argentina por meio do Mercosul, o Brasil poderia, com razoável sucesso, conter o entusiasmo inicial argentino durante as primeiras etapas das negociações da Alca. Por outro lado, a ânsia da Argentina e de outros países sul-americanos por tal acordo foi uma razão importante para que o Brasil não pudesse simplesmente negar-se a negociar a Alca proposta pelos Estados Unidos, pois deixaria o Brasil isolado na região em que aspirava a influenciar.

Além disso, vale destacar que as restrições aplicadas à Argentina não eram válidas para o Chile. O Chile não fazia parte do Mercosul e os Estados Unidos eram um mercado muito mais importante para as exportações chilenas do que o Brasil. Além disso, o Chile tem apresentado uma economia relativamente aberta e o comércio internacional tem sido um elemento-chave de sua estratégia de desenvolvimento. Na verdade, o Chile vinha buscando um acordo de livre-comércio com os Estados Unidos desde o início da década de 1990 e, após o México, foi o próximo a negociar um acordo. Durante a Cúpula de Miami em 1994, o Chile foi oficialmente convidado a aderir ao Nafta e foi saudado pelo primeiro-ministro canadense como o quarto amigo no acordo norte-americano (Rohter, 1997)[41]. Após o convite oficial, as negociações para a adesão do Chile ao Nafta foram formalmente iniciadas em 1995. No entanto, a administração de Clinton teve um obstáculo doméstico em 1994 por conta da falta da chamada autoridade *fast track* (autoridade negociadora) para negociar acordos de livre-comércio. Esse detalhe que, até então, era pouco conhecido fora do círculo de especialistas em comércio internacional, acabou sendo a peça central dos problemas enfrentados pelos Estados Unidos durante as negociações da Alca, o que facilitou consideravelmente a imposição da agenda brasileira na América do Sul.

De acordo com a Constituição dos Estados Unidos, é responsabilidade do Congresso regulamentar as questões do comércio exterior. Devido à possibilidade do Congresso alterar um acordo previamente assinado pelo executivo a ponto de se tornar totalmente distinto do que foi originalmente acordado pelas partes, o Congresso pode conceder ao presidente uma autoridade especial que ficou conhecida como *fast track*, o que dá maior autonomia ao executivo para assinar acordos de livre-comércio, deixando ao Congresso a possibilidade de aceitá-los ou rejeitá-los sem emendas. Além disso, as regras de *fast track* exigem que o Congresso vote dentro de 90 dias após o projeto de lei ser apresentado pelo presidente. O Nafta foi aprovado pelo Congresso dos Esta-

---

41. "Nós fomos os três amigos. Agora seremos os quatro amigos", proclamou o ministro das relações exteriores do Canadá, Jean Chrétien (Rohter, 1997).

dos Unidos sob as disposições do *fast track*, mas expirou em 1994. Durante o restante de sua administração, o Presidente Clinton tentou, sem sucesso, restabelecer a autoridade do *fast track* após 1994, a fim de promover a agenda da Alca. Portanto, em virtude da dificuldade que a administração de Clinton tinha em obter o *fast track*, o acordo com o Chile perdeu força, e em 1996 o país abandonou qualquer esperança de se juntar ao Nafta. O presidente chileno Eduardo Frei foi relatado como tendo "considerado os Estados Unidos um aliado pouco confiável" (Feinberg, 1997, p. 177). À medida que as dificuldades em aderir ao Nafta se tornaram claras crescia o número de "defensores chilenos pela expansão dos laços com o Cone Sul" (Haggard, 1998, p. 318). De fato, em outubro de 1996, o Chile aderiu ao Mercosul como membro--associado, pois estava, nas palavras de Henry Kissinger, "cansado de esperar pelo acesso há muito prometido ao Nafta" (Kissinger, 2001, p. 96). Em 1997, depois que o Chile já havia assinado acordos de livre-comércio tanto com o México quanto com o Canadá, assim como com o Mercosul e outros países sul-americanos, o ministro das relações exteriores chileno declarou que a ascensão ao Nafta não tinha mais "nem a urgência nem a importância que tinha em 1994" (Rohter, 1997).

Portanto, enquanto a liderança brasileira foi um fator importante para explicar a falta de um acordo no caso da Argentina, para o Chile a principal explicação deveria ser a falta de liderança dos Estados Unidos; não tanto por falta de vontade de liderar, mas mais por incapacidade de executar um plano efetivo devido à dinâmica doméstica. É essa combinação de obstrucionismo brasileiro e incapacidade dos Estados Unidos de proporcionar a liderança necessária que fornece a melhor explicação para o fracasso da Alca. Em outras palavras, a estratégia brasileira de liderar um bloco sul-americano foi facilitada pela falta de liderança dos Estados Unidos no processo. Os casos da Argentina e do Chile durante os primeiros dois anos de negociações da Alca ilustram bem essa reivindicação.

Negociando a Alca

Como indicado acima, desde o início das negociações para o estabelecimento da Alca, duas grandes visões se confrontaram em relação ao caráter da integração hemisférica. Essas duas visões foram representadas pelas duas maiores economias do hemisfério e as duas maiores potências dentro de seus respectivos subsistemas regionais: os Estados Unidos e o Brasil. As diferentes perspectivas estavam enraizadas no fato de que a visão americana do sistema internacional após a Guerra Fria colidiu com a visão brasileira de preservar seu papel no subsistema regional sul-americano. Assim, enquanto para os Estados Unidos uma expansão do Nafta para todo o hemisfério formava a base de sua abordagem da integração hemisférica e foi vista como parte da visão mais ampla ao propor uma nova ordem mundial; a prioridade brasileira era consolidar sua posição no subsistema sul-americano que, do ponto de vista dos formuladores de políticas, seria comprometida por uma área de livre-comércio hemisférico.

A preocupação do Brasil com a liderança regional não foi compartilhada pelos outros países sul-americanos, o que, conforme exemplificado nos casos da Argentina e do Chile, saudou a Cúpula de Miami de 1994 com grande entusiasmo. Em contraste, o ministro das relações exteriores brasileiro sinalizou o ceticismo brasileiro em relação à cúpula e "advertiu que a região tinha expectativas exageradamente altas em relação à cúpula" (Feinberg, 1997, p. 115). Assim como a Argentina, a Bolívia também demonstrou grande interesse na proposta de uma área hemisférica de livre-comércio, sugerindo até que o acordo deveria ser alcançado até o ano de 2000, ao invés da meta original cujo prazo era 2005. Por outro lado, a reunião de Al Gore com os representantes brasileiros girou em torno do reconhecimento da "estatura do Brasil nos assuntos hemisféricos" e "pouca discussão sobre a agenda da cúpula como tal" (Feinberg, 1997, p. 109). Os temas que Al Gore discutiu no Brasil evidentemente refletiram quais eram as verdadeiras preocupações brasileiras na época.

Com o avanço dos preparativos para a Cúpula de Miami, ficou cada vez mais claro que acomodar os diferentes interesses dos Estados Unidos e do Brasil seria uma questão central nas negociações para uma área de livre-comércio no hemisfério. Como não podia simplesmente bloquear as negociações por estar numa posição relativamente isolada, a estratégia brasileira foi "tornar o plano de ação mais modesto em suas ambições, menos exato em seus objetivos, menos específico em seus calendários e menos responsável em sua implementação" (Feinberg, 1997, p. 146). De fato, o Brasil não só participou ativamente das negociações, como sua delegação em Miami foi a segunda maior em número, atrás apenas dos Estados Unidos, indicando o interesse brasileiro na questão. De acordo com um negociador americano, "o cerne do drama de Miami foi a luta do Brasil para se estabelecer como interlocutor para a América do Sul" (Feinberg, 1997, p. 195). Outra grande preocupação do Brasil foi introduzir mudanças no texto final "visando diminuir a influência futura dos Estados Unidos e deixar o processo de integração menos cuidadosamente detalhado" (Feinberg, 1997, p. 134). Ao contrário da maioria dos outros países, o Brasil queria ganhar tempo para consolidar e ampliar o Mercosul, a fim de fortalecer sua própria posição em relação aos Estados Unidos, e só então tentar uma "grande barganha entre o Nafta e o Mercosul (i. é, entre os Estados Unidos e o Brasil)" (Feinberg, 1997, p. 180). Apesar dos esforços brasileiros para contornar a menção de uma data certa, a Declaração de Miami manteve o objetivo de estabelecer em 2005 o livre-comércio hemisférico, refletindo a visão da maioria dos países da América Latina.

Portanto, ao término da Cúpula de Miami, mesmo que as diferenças entre o Brasil e os Estados Unidos fossem claras, foi este que ficou em vantagem e ditou o ritmo das negociações no início. Isso poderia obviamente ser entendido como um corolário das enormes disparidades em todas as dimensões de poder entre os dois países, o que parecia sustentar a análise convencional da hegemonia dos Estados Unidos na América Latina, prevendo que "por causa do poder dos Estados Unidos, o Nafta é provavelmente uma aproximação mais próxima do que devera ser a Alca do que o Mercosul" (Katzenstein, 2005, p. 233). De fato, muitos estudos que tentaram prever os "resultados econômicos e empresariais da Alca" comumente aceitaram a premissa aparentemente óbvia de que a Alca "vai se basear nos princípios básicos do Nafta" (Rugman, 2004, p. 90). Assim que foi estabelecido, o Nafta foi rapidamente apresentado até mesmo como um modelo teórico de "regionalismo hemisférico" em oposição a um "regionalismo latino-americano" (Hurrell, 1995b, p. 16). No entanto, os fatos reais não corroboram a suposição de que o poder dos Estados Unidos dominaria a integração hemisférica. Essa lacuna entre uma política proposta pelos Estados Unidos e o resultado real necessita de uma explicação. Evidentemente, pode-se mais uma vez se concentrar apenas em fatores internos e concluir que essa lacuna pode ser adequadamente explicada pelos problemas que a administração de Clinton teve para obter uma autoridade rápida do Congresso. Embora se possa estar satisfeito com essa explicação, também se pode argumentar que é uma explicação incompleta. De fato, mesmo quando o governo Bush finalmente obteve o *fast track*, renomeado de Trade Promotion Authority (TPA) entre 2002 e 2007, incluindo o prazo de 2005 para a conclusão da Alca, ainda assim o Nafta hemisférico não saiu do papel. Ao invés disso, o governo Bush usou a TPA para negociar uma série de acordos comerciais bilaterais com países da região, portanto, fora do escopo de uma estrutura hemisférica abrangente. O argumento deste livro é que levar em consideração o nível subsistêmico regional pode ajudar a explicar esse resultado. Para isso, é necessário entender como as interações em nível subsistêmico regional contribuíram para os desenvolvimentos das negociações da Alca após a Cúpula de Miami.

México e Argentina: um conto de duas crises

Alguns dias após a Cúpula de Miami, em 20 de dezembro de 1994, e após uma série de choques políticos durante aquele ano que colocaram em questão a estabilidade política e econômica do México, uma súbita desvalorização do peso mexicano causou uma profunda crise econômica, impactando toda a América Latina. Após assinar um acordo de livre-comércio com o México e com altos riscos para sua estabilidade financeira, os Estados Unidos agiram rapidamente ao liderar a elaboração de um plano de resgate internacional para a região sul do país. O pacote final totalizou cerca de 50 bilhões de dólares, com uma contribuição do Fundo Monetário Internacional (FMI), em que os Estados Unidos tinham a maior parcela de votos, contribuindo com mais de dois terços desse valor (*New York Times*, 1995). Embora o pacote de resgate tenha sido bem-sucedido e a economia mexicana tenha se recuperado da crise até 1996, os custos do resgate do México reduziram muito o entusiasmo em Washington por novos acordos com outros países latino-americanos, o que contribuiu para as dificuldades da administração de Clinton em obter uma *fast track* após 1994.

De fato, de acordo com algumas análises, a crise mexicana representou um "golpe letal" para a Alca (Roett, 1999, p. 112). Esse desinteresse estadunidense ofereceu uma oportunidade para o Brasil impulsionar sua agenda na América do Sul e, enquanto "a aprovação pelo Congresso americano de qualquer acordo comercial pós-Nafta havia sido colocada em risco pela crise mexicana, o Mercosul iniciou negociações com a Bolívia, Venezuela e Chile" (Hirst, 1999, p. 40). Em 1997, tanto o Chile quanto a Bolívia – dois dos países mais entusiasmados com a Alca – passaram a integrar o bloco como membros associados, iniciando assim um processo de institucionalização regional que, conforme será mostrado abaixo, levaria eventualmente a algo parecido com o esquema original brasileiro de uma Alcsa.

Portanto, por ocasião da segunda Cúpula das Américas, em 1998, em Santiago no Chile, que lançou oficialmente as negociações da Alca, houve uma clara mudança no clima em relação aos quatro anos anteriores. Enquanto na América do Norte, os Estados Unidos estavam intimamente envolvidos no resgate do México do colapso financeiro, na América do Sul, o Brasil, conforme o Presidente Fernando Henrique Cardoso havia observado, estava procurando ativamente "organizar o espaço sul-americano", usando o Mercosul como "o polo de atração para uma futura Área de Livre Comércio Sul-americana" (Carranza, 2000, p.106). Como os Estados Unidos, para o bem ou para o mal, se envolveram mais nos assuntos mexicanos e enfrentaram as consequências internas de tal envolvimento, criou-se na América do Sul um "vácuo de liderança" que "foi rapidamente preenchido pelo Brasil, alcançando outros países sul-americanos para estabelecer a Alcsa para acumular poder de negociação" (Carranza, 2000, p. 106). Uma clara ilustração dessa mudança de conjuntura é o fato de que o Chile estava alinhado com o Mercosul na mesa de negociações em Santiago.

Consequentemente, na Cúpula de Santiago em 1998, o cenário era muito mais favorável ao Brasil em comparação com Miami em 1994, pois o Brasil havia atingido seu objetivo principal de negociar a Alca não país por país, mas "entre um bloco sul-americano, liderado pelo Brasil, e um bloco norte-americano, liderado pelos Estados Unidos" (Carranza, 2000, p. 127). Essa noção da Alca seguindo o princípio de construir blocos econômicos, ou seja, promover a integração dos países dentro dos blocos regionais existentes, tinha sido um componente-chave da estratégia brasileira, que estava muito mais focada em assegurar sua posição na América do Sul antes de chegar a qualquer acordo que incluísse os Estados Unidos. Assim, quando as negociações foram formalmente iniciadas em Santiago, o que parecia ser um processo de integração hemisférica centrado no Nafta, tornou-se um processo de integração hemisférica com dois polos de atração, um na América do Norte e outro na América do Sul. Em apenas quatro anos, "os papéis dos Estados Unidos e do Brasil nas negociações da Alca haviam sido invertidos" (Carranza, 2000, p. 131). De acordo com um pesquisador americano na época, "o equilíbrio do poder hemisférico mudou na cúpula de Santiago" já que "os Estados Unidos tinham perdido a iniciativa nas negociações da Alca" e haviam "se tornado um mero porta-voz em um processo hemisférico de liberalização do comércio no qual o Brasil está agora definindo o ritmo e a direção das negociações" (Sweeney, 1998).

Outra crise financeira logo teria um impacto nas negociações de integração hemisférica nas Américas. Assim como aconteceu com o México após a Cúpula de Miami, poucos meses após a Cúpula de Santiago, o Brasil também seria obrigado a desvalorizar abruptamente sua moeda no início de 1999. A Argentina, que na época tinha um regime monetário fixado por lei no valor do dólar americano, logo sofreu as consequências da desvalorização brasileira e, após uma crise econômica, política e social, também acabou sendo forçada a abandonar sua taxa de câmbio fixa em janeiro de 2002. Assim, entre 1999 e 2001, enquanto o Brasil tinha uma taxa de câmbio flexível, a Argentina se agarrou em uma taxa de câmbio fixa, o que criou desequilíbrios macroeconômicos significativos entre os dois maiores membros do Mercosul. Esses eventos tiveram efeitos econômicos terríveis no Mercosul, criando uma série de disputas comerciais entre Brasil e Argentina, com este país recorrendo a algumas medidas protecionistas incompatíveis com as regras do bloco para compensar as disparidades nas taxas de câmbio entre os dois países, o que tornou as exportações argentinas para o Brasil menos competitivas. As exportações dentro do Mercosul, quadruplicadas entre 1994 e 1998, de cerca de 6 para 20 bilhões de dólares, caíram para 10 bilhões de dólares em 2002. Assim, se em determinado momento, o Mercosul foi visto como um grande sucesso por ocasião da Cúpula de Santiago em 1998; na Cúpula de Quebec, Canadá, em 2001, o bloco sul-americano havia efetivamente perdido grande parte de sua lógica econômica, enfrentando seu período mais sombrio, com muitos pesquisadores proclamando seu desaparecimento iminente (Carranza, 2003; Preusse, 2004; Strafor, 2001). No entanto, enquanto as crises de 1999 e de 2001 sublinharam as limitações econômicas do Mercosul, a eventual sobrevivência do bloco e os eventos subsequentes subestimaram a importância de sua dimensão política, particularmente para o Brasil.

Mas antes de examinar os fatores por trás da sobrevivência do Mercosul, mesmo após a possibilidade de colapso do bloco, é crucial investigar como a crise argentina evidenciou as pressões no nível subsistêmico regional. Da mesma forma que a crise mexicana aproximou o México dos Estados Unidos e, ao mesmo tempo, diminuiu o anseio estadunidense pela integração hemisférica, a crise argentina acabou tendo efeitos políticos comparáveis em relação ao subsistema sul-americano, pois a Argentina se recuperou da crise econômica, aproximou-se do Brasil e ficou menos entusiasmada com a Alca. Em outras palavras, tanto a crise mexicana quanto a crise argentina funcionaram como catalisadores para reforçar os padrões de relacionamento dentro de seus subsistemas regionais específicos, demonstrando assim as dificuldades de superar tais padrões com base em interações regulares e geográficas; consequentemente, provocando mudanças subsistêmicas. Essa avaliação se torna ainda mais aparente quando se considera que tanto o México quanto a Argentina tiveram trajetórias semelhantes de política externa em suas relações com os Estados Unidos, ou seja, de uma postura geralmente indiferente e às vezes conflituosa para uma mudança abrupta no fim da década de 1980 e no início da década de 1990, enquanto ambos procuravam desenvolver uma política mais próxima possível. Embora essa mudança possa ser explicada tanto por fatores domésticos quanto por uma resposta às mudanças no sistema internacional, a abordagem subsistêmica regional pode ajudar a explicar as diferenças nos resultados dessas duas políticas similares. Examinando as interações distintas que se seguiram à crise econômica argentina, em contraste com a crise econômica mexicana alguns anos antes, descobre-se como questões subsistêmicas estavam em jogo.

Pelo menos dois fatores podem ser apontados para explicar por que a crise aproximou a Argentina do Brasil ao invés de separar, como parecia ser a tendência durante as diversas disputas comerciais entre esses países após 1999. Um fator foi que a crise econômica levou os legisladores argentinos a perceberem que a política de "relações carnais" (Munck, 1992, p. 210) com os Estados Unidos anunciada no início da década de 1990 parecia ter produzido poucos resultados tangíveis. Em contraste com seu comportamento durante a crise mexicana alguns anos antes, quando os Estados Unidos agiram rapidamente para socorrer seu vizinho do Sul, a Argentina foi tratada com "indiferença e falta de assistência" por Washington (Rohter, 2002). Essa evidente disparidade na atitude dos Estados Unidos acelerou um processo de reorientação da política externa argentina em direção a um distanciamento gradual de Washington, que de fato ocorria desde 1997 até o fim da administração de Carlos Menem (Tokatlian, 2000). Com o curto período de alinhamento automático com os Estados Unidos, o Brasil emergiu como o principal beneficiário da falta de resposta estadunidense à crise econômica da Argentina, enquanto a Argentina reorientou abertamente sua política externa para melhorar as relações com seu vizinho mais importante (Rohter, 2002). Percebendo uma oportunidade de reforçar sua posição na América do Sul, o Brasil, "em forte contraste com a indiferença sentida pelos Estados Unidos em relação à situação da Argentina", tomou uma série de medidas unilaterais a partir de 2002, a fim de facilitar as exportações argentinas (O'Keefe, 2009, p. 96-97). Além disso, todos os países do Mercosul, incluindo os membros associados (Chile e Bolívia), convocaram uma reunião extraordinária em Buenos Aires para oferecer seu apoio e prestar assistência financeira à Argentina. Portanto, como afirma Mario Carranza, apesar dos efeitos negativos da crise argentina sobre o Mercosul, ela "teve um impacto político positivo", pois a "ausência de liderança norte-americana para lidar com a crise fortaleceu a solidariedade política entre os parceiros do Mercosul" (Carranza, 2004, p. 326).

O segundo fator que explica por que a crise argentina contribuiu para estreitar relações com o Brasil está diretamente relacionado ao primeiro, já que a extensão e a profundidade da crise que atingiu a Argentina levaram a uma "reavaliação significativa da posição de poder do país nos sistemas regional, hemisférico e multilateral" (Gomez-Mera, 2005, p. 134), ao mesmo tempo em que o país se tornava muito menos entusiasmado com a necessidade da Alca. O efeito imediato dessa "revisão para baixo do potencial de poder da Argentina" foi que ela aumentou os "incentivos para se juntar ao seu vizinho mais forte, a fim de aumentar sua alavancagem nas negociações externas" (Gomez-Mera, 2005, p. 134). Em outras palavras, a crise argentina teve um impacto psicológico tanto sobre os formuladores de políticas quanto sobre a sociedade civil, a ponto de remover as pretensões argentinas de se juntar ao Norte desenvolvido, conforme simbolizado por sua irrelevante concessão como grande aliado fora da Otan durante o início da década de 1990, optando por *sul-americanizar* a política externa argentina. Essa reorientação a aproximou mais do Brasil, que desde o princípio buscava estabelecer uma frente sul-americana unida para negociar a Alca.

A discussão acima ajuda a entender a resistência do Mercosul, apesar de seu quase colapso. A razão básica parece ser o fato de que esse bloco nunca foi apenas uma liberalização do comércio, mas também teve importantes dimensões políticas e militares. Enquanto a Argentina, assim como o Paraguai e o Uruguai, viram inicialmente os aspectos comerciais do Mercosul como o principal fator para aderir ao bloco comercial regional, para o Brasil, cujos benefícios econômicos do Mercosul seriam menos significativos, a principal motivação "parece ser sua ambição de ser uma potência regional" (Weintraub, 2000, p. 28). Sucessivas administrações brasileiras até a primeira década dos anos de 2000 valorizaram o Mercosul não apenas por seus potenciais benefícios econômicos, mas como um "poderoso símbolo da ambição do Brasil de ser um líder da unidade sul-americana" (Handelman, 2001). Antes da reunião de Quebec em 2001, no auge da crise entre Brasil e Argentina, o Presidente Fernando Henrique Cardoso deu o tom da posição brasileira, declarando que "o Mercosul é um destino para nós, enquanto a Alca é uma opção" (Rohter, 2001). Sem levar em conta as considerações estratégicas por trás do apoio brasileiro ao bloco, em termos da consolidação de uma esfera de influência na América do Sul, torna-se definitivamente problemático explicar sua resiliência. De fato, a sobrevivência do Mercosul após amargas disputas comerciais entre Brasil e Argentina após uma crise financeira só pode ser entendida no contexto da aproximação política que acabou por acelerar a mudança da política externa argentina para longe de Washington e para perto de Brasília. Em outras palavras, a sobrevivência do Mercosul "refletiu uma convergência de política externa ou incentivos 'estratégicos' entre os governos da Argentina e do Brasil" que havia sido iniciada no fim da década de 1990 (Gomez-Mera, 2005, p. 129). Também é importante ressaltar o fato de que depois que ambos os países foram forçados a adotar uma taxa de câmbio flutuante, essa convergência estratégica foi seguida de uma convergência macroeconômica gradual, que removeu grande parte do raciocínio por trás de suas disputas comerciais. Em termos subsistêmicos regionais, a resiliência do Mercosul é explicada porque não se trata de um arranjo artificial sem base em interações reais, mas por tratar-se de uma tradução institucional de uma realidade subsistêmica – da mesma forma que o Nafta[42]. Uma hipotética Alca, por outro lado, teria que refletir ou criar padrões de relacionamento a fim de superar pressões subsistêmicas e ser uma instituição eficaz e duradoura. Como a Alca não refletia padrões reais de interação entre os subsistemas regionais da América do Norte e da América do Sul, provavelmente teria exigido uma combinação de circunstâncias políticas específicas a fim de suportar os custos necessários para que isso acontecesse. Outra possibilidade era que uma inesperada distorção nos subsistemas regionais do hemisfério – como uma crise financeira em um estado--chave – pudesse desencadear uma dinâmica subsistêmica potencialmente autorreforçadora, tornando ainda mais difícil ou dispendiosa a criação de novos padrões de relacio-

---

42. Conforme Jeffrey Schott observa: "Quando as negociações de livre-comércio entre Estados Unidos e México foram iniciadas em 1990, poucos perceberam o quão integradas as duas economias já estavam, ou o quão próximos os interesses dos Estados Unidos coincidiam com a promoção do crescimento econômico e da estabilidade política na região" (Schott, 2001, p. 93-94).

namento necessários para o estabelecimento de um arranjo hemisférico duradouro.

O Brasil como líder de um bloco sul-americano

Portanto, no decorrer de suas interações, seguindo as metas enunciadas na Cúpula de Miami em 1994, ficou claro que nem o poder dos Estados Unidos nem o entusiasmo com que a proposta da Alca fora inicialmente recebida na América Latina se traduziriam necessariamente em um esquema hemisférico abrangente e centrado nos Estados Unidos. As dificuldades em obter uma *fast track* e as discrepâncias de comportamento entre as crises mexicana e argentina pareciam indicar que os Estados Unidos não estavam dispostos ou eram incapazes de suportar os custos da mudança subsistêmica por meio do estabelecimento de padrões fundamentalmente novos de interações. Por outro lado, ao contrário de estratégias passadas que visavam impedir os Estados Unidos de empreender tal mudança e preservar a estabilidade do subsistema sul-americano – quando o Brasil levantou os benefícios da estabilidade subsistêmica para os Estados Unidos – agora a estratégia brasileira era basicamente aumentar os custos da mudança subsistêmica com ajuda da consolidação de um bloco sul-americano centrado no Mercosul.

Por ocasião da Terceira Cúpula das Américas em abril de 2001, em Quebec, apesar do aparente colapso do Mercosul na época, a estratégia brasileira, em grande parte devido ao contexto explicado acima, estava assegurada. Quando uma nova administração foi inaugurada nos Estados Unidos, que proclamou abertamente seu compromisso com o livre-comércio e com o estabelecimento da Alca, o processo de consolidação de um espaço sul-americano já havia sido iniciado[43]. Como os preparativos para a reunião de Quebec começaram em 2000, o Brasil lançou uma iniciativa histórica: reuniu pela primeira vez todos os líderes da América do Sul em uma conferência em Brasília, a fim de discutir várias questões relativas a esse subsistema regional. Esse evento representou a primeira reunião exclusiva de todos os presidentes da América do Sul. O presidente mexicano, assim como todos os outros presidentes latino-americanos fora da América do Sul, não foi convidado para a cúpula e declarou que "gostaria de ter sido convidado", acrescentando que "nossa situação geográfica na América do Norte de forma alguma nos impede de ter um relacionamento intenso com a América Latina" (*Veja*, 2000). No entanto, essa não seria mais uma reunião latino-americana, mas explicitamente uma reunião sul-americana. Era um símbolo da constatação de que a América do Sul era de fato um subsistema regional distinto, no qual o Brasil desempenhava um papel central. Como Sean Burges comentou, a reunião de 2000 foi "a primeira reunião exclusiva de presidentes sul-americanos, dando gravitas simbólicas à América do Sul como uma entidade geopolítica viável" e seu resultado sugeriu "uma aceitação implícita do papel de liderança consensual que o Brasil vinha acumulando ao longo dos seis anos anteriores" (Burges, 2009, p. 59). Para Burges, que coloca especial ênfase na "liderança consensual", esse tipo de liderança não se baseia não só em "coerção ou imposição", mas também em "coordenação, consulta e discussão" (Burges, 2009, p. 54). O conceito aludido por Burges é baseado na noção de "hegemonia cooperativa", desenvolvida por Thomas Pedersen. Em contraste com a teoria da estabilidade hegemônica, que

---

43. De fato, a administração George W. Bush foi ao Quebec disposta a antecipar o prazo da Alca de 2005 para 2003 (Handelman, 2001).

se concentra apenas em estados poderosos[44], a abordagem da hegemonia cooperativa

> [...] centra-se em torno da proposta de que os estados maiores, militarmente fracos ou enfraquecidos, podem procurar maximizar ou estabilizar sua influência por meios não coercivos, perseguindo uma estratégia de hegemonia cooperativa dentro de uma estrutura multilateral (Pedersen, 2002, p. 696).

Assim, a teoria de Pedersen sobre a hegemonia cooperativa procura explicar os processos formativos de institucionalização regional baseados nas estratégias de longo prazo das grandes potências regionais, ao mesmo tempo em que destaca a importância dos elementos geopolíticos e de segurança, em vez de fatores econômicos que levam à institucionalização regional. Um elemento-chave da grande estratégia de hegemonia cooperativa é o que Pedersen denomina "capacidade de agregação de poder", que "se refere à capacidade de uma grande potência regional de fazer vários estados vizinhos se reunirem em torno de seu projeto político". O autor acrescenta que, embora "essa capacidade seja contida por fatores estruturais externos em nível regional e global, ela também depende de fatores psicológicos e habilidades de liderança" (Pedersen, 2002, p. 689). A abordagem de hegemonia cooperativa de Pedersen fornece uma estrutura particularmente apropriada para entender o papel do Brasil durante as negociações da Alca, que se tornou especialmente evidente após o ano de 2000.

Ao reunir os 12 presidentes da América do Sul em Brasília, o governo brasileiro sinalizou oficialmente sua tentativa de reunir os estados sul-americanos em torno do projeto político brasileiro de organizar um espaço sul-americano

---

44. Para a teoria da estabilidade hegemônica, cf.: Gilpin (1981); Keohane (1984).

como um meio de inserir a região no sistema internacional pós-Guerra Fria. O Presidente Fernando Henrique Cardoso descreveu a cúpula de 2000 como um "momento de reafirmação da identidade própria da América do Sul como região", acrescentando que um "acordo de livre-comércio entre o Mercosul e a Comunidade Andina será a espinha dorsal da América do Sul como um espaço econômico ampliado". Daí, concluiu, "deve ser visto como um objetivo político prioritário" (Cardoso, 2000). Essas declarações deixam bem claro o objetivo, assim como os meios para realizá-lo. O objetivo imediato era a construção da América do Sul como um espaço econômico e político distinto e, para alcançá-lo, era necessário agir em duas dimensões: no nível ideacional, em que era essencial afirmar uma identidade sul-americana; e no nível prático, em que era necessário fundir o Mercosul e a Comunidade Andina, o segundo maior bloco comercial da América do Sul e que na época incluía a Bolívia, o Peru, o Equador, a Colômbia e a Venezuela. Essa proposta brasileira – que foi claramente um resultado do esquema original da Alcsa revelado quase uma década antes – era especialmente significativa, se considerada dentro do contexto da crise aguda que o Mercosul atravessava na época.

O princípio por trás dessa política foi consistentemente apoiado pelos governos que precederam Cardoso, bem como pelos que o sucederam. De fato, a administração de Luiz Inácio Lula da Silva, que foi inaugurada em 2003, viu a integração da América do Sul como uma das principais prioridades da política externa (Bandeira, 2004) e, em 2004, durante a terceira reunião de presidentes sul-americanos no Peru, formalizou um acordo de cooperação entre Mercosul e Comunidade Andina, criando assim a Comunidade Sul--americana de Nações, que mais tarde se tornou a União de

Nações Sul-americanas (Unasul). Em maio de 2008, os países da Unasul se reuniram em Brasília para assinar um tratado constitutivo, estabelecendo os componentes jurídicos e políticos, incluindo a proposta brasileira de um Conselho de Defesa da América do Sul. O ministro da defesa brasileiro, quando perguntado em visita a Washington como os Estados Unidos poderiam ajudar, disse que a melhor maneira seria "vigiar de fora e manter sua distância" (Cantanhêde, 2008). A Colômbia, que teve fortes laços militares com os Estados Unidos e estava então no meio de uma crise diplomática aguda com Venezuela e Equador, foi o único país a não assinar o pacto da Unasul. Entretanto, após intensas negociações lideradas pelo Brasil e um medo crescente de isolamento político na região, a Colômbia aderiu ao conselho alguns meses mais tarde. Em 2009, o Conselho de Defesa da América do Sul realizou sua primeira reunião em Santiago e contou com a presença de todos os ministros da defesa da região. O principal sinal de esperança desse órgão é que ele exclui os Estados Unidos e se sobrepõe a funções que antes eram desempenhadas por órgãos hemisféricos como a Organização dos Estados Americanos (OEA). Em particular, ele representaria um desafio à contraparte de segurança da Alca lançada em 1994 na Cúpula de Miami.

Ao articular explicitamente o conceito de uma América do Sul como um subsistema regional distinto, sucessivas administrações brasileiras após o fim da Guerra Fria estavam basicamente recuperando um tema recorrente da política externa brasileira que, como indicado no capítulo 5, estava presente desde os primeiros dias da Independência do Brasil: a noção de que, ao contrário do resto da América Latina, onde o Brasil procuraria não se envolver e, algumas vezes tacitamente, outras vezes explicitamente reconheceria a preeminência americana, a América do Sul era entendida pelos formuladores de políticas brasileiras como uma esfera de influência brasileira cuja interferência americana deveria ser mantida à distância, uma vez que poderia facilmente ultrapassar o Brasil como o ator predominante na região. A reunião dos presidentes sul-americanos em 2000 tornou explícito o conceito de América do Sul mais uma vez como um componente-chave da diplomacia brasileira, uma realidade que se revelou ainda mais marcante durante os dois primeiros governos de Lula. Uma mudança notável que foi marcada pela reunião de 2000 foi que, embora inicialmente a visão brasileira da América do Sul tivesse sido restrita principalmente ao Cone Sul, agora ela incorporava os países do norte da América do Sul, incluindo Guiana e Suriname (Cardoso, 2000). Isso refletia um processo que havia começado pelo menos desde o fim da década de 1970 e que se tornou aparente pelo comportamento brasileiro durante o caso do Suriname na década de 1980. Os acordos entre o Mercosul e a Comunidade Andina e as sucessivas reuniões de presidentes sul-americanos que levaram à criação de uma União de Nações da América do Sul são, portanto, a tradução institucional dessas interações anteriores. Consequentemente, na época em que o governo Bush finalmente obteve o *fast track* do Congresso em 2002, a estratégia brasileira já estava em andamento. Entre 1994 e 2002, os anos em que as administrações americanas não tinham o *fast track* e, portanto, não podiam proporcionar uma liderança ao processo da Alca, o Brasil já tinha atingido seu objetivo de forjar um bloco sul-americano, usando o Mercosul como uma plataforma alternativa ao Nafta com razoável sucesso. Além disso, também estava em um processo de aproximação com a Argentina. Com essa estrutura básica em vigor, o Brasil poderia concentrar-se em questões mais substantivas, como a liberalização da agricultura, particularmente no que diz respeito às barreiras não tarifárias, que tinha sido um ponto focal de desacordo entre os Estados Unidos e o Brasil durante as negociações. Mais uma vez, os Estados Unidos ajudaram o caso brasileiro, fornecendo as munições necessárias, quando o Congresso Americano aprovou em 2002 um projeto de lei agrícola no valor de 100 bilhões de dólares, que aumentou significativamente os subsídios agrícolas no mesmo ano em que o Presidente Bush obteve o *fast track* (Becker, 2002). A aprovação desse projeto de lei sinalizou a falta de vontade dos Estados Unidos de liberalizar um setor que era crucial aos interesses brasileiros e permitiu ao Presidente Fernando Henrique Cardoso enquadrar os Estados Unidos como o verdadeiro entrave para o estabelecimento do livre-comércio hemisférico (Rompay, 2004). Além disso, a administração de Bush, após setembro de 2001, concentrou-se principalmente no Oriente Médio, o que dominou o debate político interno dos Estados Unidos na época.

Dentro desse contexto, os resultados de uma reunião ministerial em Miami em 2003, na fase final das negociações da Alca, foram considerados uma vitória brasileira – o resultado de Miami foi denominado de "Alca à la carte" ou "Alca light", ou seja, uma Alca não compreensiva com diferentes níveis de compromisso (Romero, 2003). A declaração ministerial de Miami propôs que os "Ministros reconhecem que os países podem assumir diferentes níveis de compromisso" e que as "negociações devem permitir que os países que assim o desejarem, dentro da Alca, concordem com obrigações e benefícios adicionais" (Alca, 2003). Cada país era livre para negociar sobre integrar, ou não, o acordo da Alca e, conforme os interesses dos Estados Unidos e do Brasil, "muito em extremos opostos do espectro" (Stephenson, 2008, p. 29), já que o primeiro estava interessado principalmente na liberalização de serviços e investimentos, e o segundo no setor agrícola, não tendo nenhum incentivo para se comprometer. Era o começo e o fim da Alca.

Quando os chefes de Estado americanos se reuniram para a quarta Cúpula das Américas, em Mar del Plata, na Argentina, em 2005, o longo processo de agonia da Alca que havia se tornado evidente pela declaração ministerial de Miami, dois anos antes, terminou. Como 2005 marcou o prazo original para um acordo final sobre a Alca e nenhum acordo foi eventualmente alcançado, a frágil Alca foi praticamente enterrada em Mar del Plata. A cúpula de 2005 foi uma perfeita ilustração de como o Mercosul foi explorado eficientemente pelo Brasil como o núcleo de sua estratégia para defender o estabelecimento de uma área hemisférica de livre-comércio. Entre os 34 participantes da cúpula, 29 eram a favor de avançar nas negociações da Alca (*New York Times*, 2005). As cinco nações dissidentes eram compostas pelos quatro membros plenos do Mercosul mais a Venezuela, que um mês depois foi oficialmente convidada a aderir ao Mercosul como membro pleno. É digno de nota que essas cinco nações juntas representam cerca de 75% do PIB total da América do Sul. Com a possibilidade de um acordo hemisférico abrangente fora da mesa, e com a Autoridade de Promoção Comercial em mãos, o governo Bush procurou estabelecer acordos bilaterais de livre-comércio com países individuais, incluindo Chile, Peru, Colômbia e Equador, ao mesmo tempo em que o Brasil procurou estabelecer a América do Sul como um espaço econômico ampliado, conforme o Presidente Fernando Henrique Cardoso havia declarado no início da década. A maior diferença entre as duas estratégias parece ser que enquanto os Estados Unidos dependiam de acordos específicos e detalhados com países individuais, o Brasil buscava um grau mais elevado de institucionalização multilateral por meio de uma estrutura regional aliada à tentativa de construção de uma identidade sul-americana. Essas duas abordagens estavam "em rota de colisão" (Stephenson, 2008, p. 41) e apontavam para uma situação, que Henry Kissinger havia denominado, no início dos anos de 2000, como uma "competição tácita" entre o Brasil e os Estados Unidos na América do Sul desde o fim da Guerra Fria (Kissinger, 2001, p. 98).

Conclusão do capítulo

O processo envolvendo a ascensão e queda das negociações da Alca é uma clara ilustração da principal estratégia regional do Brasil de manter os Estados Unidos à distância no subsistema sul-americano. No entanto, enquanto os períodos anteriores eram caracterizados por uma coincidência geral de objetivos centrais entre os dois maiores países do hemisfério – o que tornou a estratégia brasileira menos aparente e muitas vezes confundida com a subordinação às políticas dos Estados Unidos –; a reorganização das relações hemisféricas provocada pelo fim da Guerra Fria criou as condições para um choque de pontos de vista e de objetivos entre os Estados Unidos e o Brasil. Isso tornou evidente que as atitudes geralmente cooperativas de tempos anteriores estavam dependentes do apoio dos Estados Unidos aos objetivos regionais mais amplos do Brasil. Como o Brasil percebeu que os Estados Unidos competiam com seu objetivo de manter o *status quo* no subsistema regional sul-americano, a estratégia brasileira adaptou-se a essa percepção.

Portanto, se as estratégias anteriores visavam aumentar os benefícios da estabilidade subsistêmica regional para os Estados Unidos, agora o Brasil buscava aumentar os custos da mudança subsistêmica. Isso foi feito por meio de uma intensa participação no processo da Alca, embora o Brasil não tivesse claramente nenhum entusiasmo por ela, enquanto, em paralelo liderava a formação de um bloco sul-americano, criando incentivos políticos e econômicos que em muitos aspectos competiam com os objetivos da Alca. Assim, ao passo que os Estados Unidos buscavam usar uma base continental estendida do Tratado Norte-Americano de Livre Comércio (NAFTA) como base por meio da qual liderariam o mundo pós-Guerra Fria, o Brasil buscava construir uma plataforma sul-americana organizada em torno do Mercosul. Como esses dois objetivos tinham tendência a colidir, tanto os Estados Unidos quanto o Brasil viram ambos os projetos como uma ameaça às próprias políticas desde o início.

No entanto, apesar das disparidades de poder entre os Estados Unidos e o Brasil, o tempo estava do lado deste. As pressões internas e regionais subsistêmicas tenderam a favorecer a manutenção do *status quo*, e tudo o que o Brasil tinha que fazer era trabalhar para atrasar a conclusão da Alca a fim de dar tempo para que essas pressões se concretizassem. Enquanto o lançamento das negociações da Alca refletia o peso do poder dos Estados Unidos no hemisfério, as interações reais entre os estados americanos após a Cúpula de Miami em 1994 reforçaram a dinâmica subsistêmica e fizeram com que as discrepâncias de poder fossem menos relevantes para o resultado das negociações. De fato, em questão de quatro anos, entre a Cúpula de Miami em 1994 e a de Santiago em 1998, ficou claro que dois polos de atração estavam sendo constituídos no hemisfério – um centrado no núcleo Estados Unidos-Nafta e o outro centrado no Brasil-Mercosul. A atenção ao sistema internacional e aos desequilíbrios de poder seria de pouca ajuda para explicar essa configuração. A fim de fornecer uma explicação eficaz para esse resultado, é necessário levar em conta a interação entre as dinâmicas domésticas e subsistêmicas.

No plano interno, as dificuldades da administração de Clinton em obter uma autoridade rápida para negociar a Alca deixaram claro que os Estados Unidos não estavam dispostos a pagar os custos da mudança subsistêmica regional. Essa falta de liderança efetiva foi um elemento-chave para permitir que o Brasil aplicasse sua agenda na América do Sul com mais sucesso. O caso do Chile, que havia desconsiderado a adesão ao TLCAN para abraçar o Mercosul, fornece uma clara ilustração dessa reivindicação. Em termos subsistêmicos regionais, a eclosão das crises econômicas primeiro no México e depois na Argentina atuou como catalisadores que ajudaram a pôr em movimento a dinâmica subsistêmica regional, aproximando os dois principais atores de cada subsistema regional – Estados Unidos e México na América do Norte; Brasil e Argentina na América do Sul. Embora o resultado da crise mexicana tenha deixado claro que o Nafta tinha definitivamente *norte-americanizado* o México, a crise argentina contribuiu para a *sul-americanização* da política externa argentina. Ambos os processos reforçaram as interações em nível regional, tornando ainda mais difícil o estabelecimento de novos padrões de interação necessários para a reconfiguração dos subsistemas regionais no hemisfério.

Essas interações favoreceram a estratégia brasileira de consolidar um bloco sul-americano em torno do núcleo do Mercosul e, quando os Estados Unidos superaram alguns de seus obstáculos internos, como o fato de o Congresso dos Estados Unidos conceder à administração Bush, em 2002, o *fast track* (TPA), as metas originais da Alca perderam muito de seu impulso. Como resultado, mesmo com o *fast track* em mãos, a administração de Bush não foi capaz de concluir a Alca até a data original de 2005. A consequência imediata do fracasso da Alca foi que os Estados Unidos recorreram ao estabelecimento de acordos comerciais bilaterais com países individuais da América do Sul, enquanto o Brasil esperava acelerar o processo de institucionalização do espaço sul-americano, incorporando assim questões que vão além do comércio, tais como a segurança.

Em contraste com a estratégia americana, que se baseava principalmente em acordos comerciais específicos e, portanto, muito mais restrita, o Brasil seguiu uma estratégia de hegemonia cooperativa na qual tentou, dentro de uma estrutura multilateral e enfatizando uma identidade comum, fazer com que todos os estados sul-americanos se colocassem em torno do projeto político de estabelecer a América do Sul como uma região distinta dentro do hemisfério, aumentando assim os custos de um envolvimento mais significativo dos Estados Unidos nesse subsistema. A estratégia brasileira de liderar um bloco sul-americano parece ter funcionado até agora, como indica uma pesquisa de opinião pública feita em 2010, em 18 países latino-americanos, que mostrava o Brasil sendo percebido como o país com maior liderança na região por 19% da população da América Latina, seguido pelos Estados Unidos com 9% (*Latinobarómetro*, 2010). É interessante notar que o mesmo relatório mostra que 67% da população latino-americana viam os Estados Unidos como uma influência positiva, em contraste com os 61% do Brasil, o que parece indicar que os números latino-americanos não estão relacionados a um sentimento antiestadunidense. Como a percepção da liderança brasileira tendia a diminuir à medida que se passava da Argentina para o México, ao considerar apenas os nove países sul-americanos da amostra (excluindo o Brasil), a média brasileira subia para cerca de 27%, com metade da população argentina indicando o Brasil como líder regional (*Latinobarómetro*, Annual Report, 2010)[45]. Esses números pareciam indicar que a estratégia brasileira de hegemonia cooperativa alcançou um grau considerável de sucesso, o que ao mesmo tempo parece depender da manutenção dos Estados Unidos como um império relativamente ausente no subsistema regional sul-americano.

---

45. Em ordem decrescente de percepção de liderança: Brasil, Argentina, Uruguai, Paraguai, Chile, Colômbia, Bolívia, Peru, Venezuela e Equador.

Conclusões

Este livro buscou cumprir duas tarefas principais. Primeiro, buscou desafiar a noção de que o conceito de América Latina deveria ter preeminência sobre outras possíveis subdivisões regionais dentro do campo das relações internacionais. Por essa razão, o primeiro conjunto de perguntas questiona se há algo como a América do Sul e, em caso afirmativo, o que a distingue do resto da América Latina. O segundo conjunto de perguntas se baseia no primeiro e pergunta se, do ponto de vista das relações internacionais, é importante a existência de um subsistema regional sul-americano. Em resumo, foi argumentado que a geografia e os padrões de interações justificam a existência de um subsistema regional norte e sul-americano no hemisfério ocidental, e que isso é importante para que se possa compreender as interações distintas que caracterizam as relações dos Estados Unidos com cada um desses subsistemas.

Para responder esses dois conjuntos de perguntas, este livro empregou uma abordagem baseada na noção de subsistemas regionais. Assim, o capítulo 2 apresentou uma conceituação de subsistemas regionais que era tanto regional (proximidade geográfica) quanto sistêmica (padrões de interação). Um subsistema regional foi assim definido como um subconjunto do sistema internacional que reflete o resultado de padrões reais de interação – incluindo todo o espectro entre países em conflito e em cooperação – em condição de proximidade geográfica. Ao focalizar a geografia e os padrões de interação como condições necessárias e suficientes para o estabelecimento de um subsistema regional, outras variáveis, tais quais cultura ou nível de desenvolvimento, foram desconsideradas.

Após essa caracterização, o capítulo 3 demonstrou que, se a geografia e os padrões de interação são considerados condições necessárias e suficientes para a determinação de um subsistema regional, é lógico que a divisão do hemisfério ocidental entre um norte-americano (incluindo México, América Central e Caribe) e um subsistema regional sul-americano faz mais sentido do ponto de vista do estudo das relações internacionais do que do ponto de vista de uma divisão entre a América Latina (incluindo o Caribe) e os Estados Unidos/Canadá. Enquanto a primeira subdivisão segue os critérios do subsistema regional estabelecidos por este livro, a segunda se baseia em variáveis que têm pouca utilidade para os propósitos desta pesquisa. Apesar disso, é a última categorização que tem sido mais amplamente usada pelos pesquisadores das relações internacionais.

Como este livro argumentou, o conceito de América Latina não é claramente um conceito geográfico, embora tenha sido usado como tal. De fato, defender um subsistema regional latino-americano baseado unicamente na geografia é muito mais complicado do que defender um subsistema regional sul-americano. Em contrapartida, o capítulo 3 procurou oferecer os rudimentos de uma possível maneira de operacionalizar padrões de interação baseados nas variáveis guerra/conflitos armados, comércio e organizações internacionais. Sugeri que os países da América do Norte e América do Sul dialogassem, comercializassem e criassem organizações internacionais mais duradouras e relevantes dentro de seus próprios subsistemas. Assim, uma preocupação central deste livro foi demonstrar que a subdivisão do hemisfério ocidental entre um subsistema regional da América do Norte e da América do Sul pode fornecer *insights* relevantes e revelar uma série de interações que são negligenciadas tanto pelo uso da dicotomia doméstica internacional quanto pelo emprego do conceito de América Latina para explicar as relações internacionais das Américas. Em resumo, é por isso que é importante que exista um subsistema regional sul-americano.

O capítulo 3 sugeriu que uma interação-chave, que uma perspectiva subsistêmica regional para o estudo da América do Sul ajuda a desvendar, é a relação entre esse subsistema regional e os Estados Unidos. Embora alguns pesquisadores que estudam a América Latina tenham reconhecido que "os Estados Unidos têm tratado a América do Sul de maneira um pouco diferente do que fazem com o México, a América Central e o Caribe" (Baily, 1976, p. viii), essa diferenciação não foi suficientemente teorizada e explicada. Basicamente, aqueles que dedicaram algum tempo para explicar essa diferenciação, contentaram-se em apontar duas variáveis principais: distância e estabilidade, que combinadas tornariam a América do Sul estrategicamente irrelevante para os Estados Unidos. Embora essas variáveis possam fornecer explicações convincentes para a relativa ausência dos Estados Unidos na América do Sul em relação ao resto da América Latina, o melhor que elas podem fazer é talvez explicar uma suposta falta de interesse, ou negligência, em relação à América do Sul se comparado com México, América Central e Caribe. No entanto, confiar na distância e na estabilidade para explicar a ausência relativa dos Estados Unidos na América do Sul tem uma série de deficiências. Primeiro, pouco faz para explicar satisfatoriamente por que os estados sul-americanos seriam mais estáveis do que outros estados latino-americanos. Em segundo lugar, essas variáveis se tornam menos relevantes nos casos em que os Estados Unidos demonstraram um claro interesse nos assuntos sul-americanos e, ainda assim, o resultado foi a mesma ausência relativa. Finalmente, elas tendem a ser um pretexto para transformar essa ausência relativa dos Estados Unidos em relação à América do Sul em uma ausência relativa de estudos da política externa americana em relação à América do Sul.

A explicação alternativa oferecida por este livro para elucidar as distintas interações que têm caracterizado as relações entre os Estados Unidos e a América do Sul em contraste com o resto da América Latina é baseada no papel do Brasil dentro do subsistema regional sul-americano. Portanto, ao defender uma abordagem subsistêmica do estudo da América do Sul, este livro também defende a importância do papel brasileiro nesse subsistema. Segue-se que um argumento central desta pesquisa é que o Brasil é uma potência em *status quo*, que tem afetado os cálculos de custos e benefícios da mudança subsistêmica na América do Sul para os Estados Unidos. Assim, este livro sugere que qualquer hipótese que tente explicar a ausência relativa dos Estados Unidos na América do Sul sem levar em consideração o papel do Brasil no subsistema sul-americano, possivelmente trará uma resposta incompleta. Sob essa perspectiva, a suposta irrelevância estratégica da América do Sul não forneceria uma explicação suficiente para esse fenômeno; além disso, esse fator pode ter sido favorável ao Brasil, sobretudo porque deu mais espaço para que se perseguissem os objetivos regionais brasileiros, gastando menos recursos do que se a América do Sul fosse considerada uma região de maior valor estratégico pelos Estados Unidos.

A fim de avaliar a validade da hipótese de que o Brasil afetou os cálculos dos estadistas americanos ao interagir com o subsistema regional sul-americano, os capítulos 4, 5 e 6 exploraram estudos de caso, incluindo aqueles em que foi demonstrado um claro interesse na América do Sul e, no entanto, o resultado foi consistentemente o mesmo: uma ausência de políticas imperiais, que muitas vezes caracterizou as políticas estadunidenses no resto da América Latina. O capítulo 4 tratou das primeiras interações entre os Estados Unidos e os novos países latino-americanos independentes, a fim de demonstrar que havia uma clara diferenciação tanto nas ações quanto no discurso entre a América do Sul e o resto da região desde o início de suas interações mútuas.

Essa diferenciação dificilmente é reconhecida pela literatura, que interpreta a Doutrina Monroe como uma política abrangente, aplicada de forma homogênea em toda a América Latina. No entanto, um exame que vai além da declaração de 1823 e investiga como a Doutrina Monroe foi realmente aplicada ao longo da história, bem como analisa a interpretação que lhe foi dada pelas administrações subsequentes, deixa claro o alcance e a extensão dessa política. Esse exame é o que o capítulo 4 pretendeu colocar em prática, demonstrando que as sucessivas administrações dos Estados Unidos deixaram evidente o caráter caribenho da doutrina. A distância dos Estados Unidos e a relativa estabilidade dos principais países sul-americanos são apenas parte da resposta, no sentido de que esses fatores tornaram possível o desenvolvimento precoce de um sistema de política de poder na América do Sul em torno dos países do ABC (Argentina, Brasil e Chile). É notável que as duas administrações que foram as mais intervencionistas na América Latina – a de Theodore Roosevelt e a de Woodrow Wilson – foram também as duas administrações que mais fizeram a distinção entre as subsistências regionais da América do Norte e da América do Sul. Essa visão foi totalmente recíproca por parte do Brasil, que buscava uma aliança não escrita com os Estados Unidos, significando "um acordo tácito pelo qual o Brasil reconhecia a hegemonia dos Estados Unidos na América do Norte e os Estados Unidos respeitavam as pretensões brasileiras à hegemonia da América do Sul" (Burns, 1966, p. 207). Esse acordo tornou-se ainda mais relevante no início do século XX, quando o poder do Chile declinou e a Argentina desenvolveu uma política externa com um claro componente *antiestadunidense*. A disposição do Brasil de ser o defensor do *status quo* na América do Sul permitiu que os Estados Unidos concentrassem suas ações na área do Caribe, não havendo razão convincente para que os Estados Unidos mudassem esse estado de coisas. Em outras palavras, o Brasil desempenhou um papel na América do Sul que aumentou os benefícios da estabilidade subsistêmica para os Estados Unidos.

A investigação dos primeiros desenvolvimentos do subsistema sul-americano e sua interação com os Estados Unidos ajudou a colocar em contexto o caso estudado no capítulo 5. A derrubada do governo de Salvador Allende no Chile é um caso especialmente relevante por pelo menos duas razões. Primeiro, é um claro exemplo de quando tanto uma administração democrata quanto republicana nos Estados Unidos demonstra forte interesse em comum para empregar políticas imperiais na América do Sul, tais como as anteriormente implementadas em outros lugares da América Latina durante a Guerra Fria (Guatemala e República Dominicana). Isso porque o ambiente da Guerra Fria aumentou os incentivos para os Estados Unidos, agora uma verdadeira superpotência global, intervir em várias regiões do mundo a fim de conter a disseminação do comunismo. Isso era particularmente verdadeiro, mesmo que por razões simbólicas na América Latina, que era considerada a esfera de influência mais imediata dos Estados Unidos, onde seu poder deveria ser incontestável. A segunda razão que torna o caso do Chile particularmente importante é o fato de ter sido amplamente mencionado como exemplo de uma política imperial latino--americana homogênea por parte dos Estados Unidos. Como há uma abundância de evidências a respeito do envolvimento dos Estados Unidos no Chile, a interpretação usual é que isso equivale a uma evidência de abundância. Por outro lado, há menos evidências de envolvimento de países terceiros no caso chileno, como a antiga União Soviética e o Brasil, correspondendo a uma certa falta de evidência. O resultado é que quando se trata da avaliação das influências estrangeiras que levaram ao golpe militar que acabou por derrubar Salvador Allende do poder, há um monólogo virtual quando de fato pode ter havido mais vozes presentes.

Portanto, congruente com o argumento central apresentado neste livro, o capítulo 5 enfatiza o papel desempenhado pelo Brasil durante esse processo. Ao usar fontes primárias e secundárias, procurei contextualizar o caso específico do Chile, demonstrando a vontade do governo militar brasileiro de agir para evitar que os países sul-americanos se inclinassem ao comunismo. Em outras palavras, sugeri que o Brasil desempenhou um papel no Chile que permitiu aos Estados Unidos limitar seu envolvimento, em vez de ter que recorrer a soluções verdadeiramente imperiais que teriam envolvido a tomada de ações decisivas para a derrubada de Allende do poder. O papel do Brasil no caso chileno estava longe de ser um papel isolado durante a Guerra Fria, como demonstraram os casos da Bolívia e do Uruguai antes disso, e o caso do Suriname depois disso.

Embora cobrindo diferentes períodos com diferentes configurações do sistema internacional, os casos estudados nos capítulos 4 e 5 tinham uma característica em comum: apresentavam uma relativa congruência em termos de objetivos de política externa entre os Estados Unidos e o Brasil quanto ao subsistema sul-americano, pois ambos buscavam a manutenção do *status quo* na região. Esse não foi o caso após o fim da Guerra Fria, quando os Estados Unidos propuseram uma área de livre-comércio no hemisfério que poderia desenvolver novos padrões de interação e, portanto, estabelecer a mudança subsistêmica, incorporando o subsistema sul-americano em um verdadeiro subsistema hemisférico centrado nos Estados Unidos. Uma vez que isso foi visto como um desafio ao *status quo* na América do Sul, o Brasil procurou aumentar os custos da mudança subsistêmica, participando ativamente do processo da Alca e ao mesmo tempo trabalhando para criar uma rede de instituições sul-americanas a fim de consolidar sua posição nesse subsistema regional. A estratégia brasileira foi facilitada por questões internas nos Estados Unidos, que se traduziram em uma falta de liderança para avançar com a Alca. Além disso, as crises econômicas no México e na Argentina atuaram como catalisadores que reforçaram a dinâmica do subsistema regional e aproximaram os países em seus respectivos subsistemas regionais do hemisfério: os Estados Unidos e o México na América do Norte; o Brasil e a Argentina na América do Sul. No fim da primeira década do século XXI, era mais evidente do que nunca a distinção entre um subsistema regional norte e um subsistema regional sul-americano no hemisfério ocidental.

Algumas considerações teóricas

Esta obra tentou oferecer uma estrutura alternativa para o estudo das relações interamericanas, em particular, e das relações internacionais, em geral, com base na abordagem subsistêmica regional. Essa abordagem foi apresentada como um terceiro nível de análise diferentemente dos dois habituais empregados no campo das relações internacionais. Os casos estudados neste livro procuraram aplicar essa estrutura subsistêmica regional ao caso específico da América do Sul, enfatizando as interações entre os dois membros mais importantes de cada subsistema regional no hemisfério ocidental: os Estados Unidos na América do Norte e o Brasil na América do Sul. O foco foi como as iniciativas da política externa dos Estados Unidos interagiram com o subsistema sul-americano para trazer resultados que diferem dos frequentemente produzidos em outros lugares da América Latina. Argumentei que, dentro dessa região, o papel do Brasil no subsistema sul-americano é a chave para entender o resultado dessas interações, o que tem mantido os Estados Unidos como um império relativamente ausente na América do Sul.

Uma crítica que poderia ser feita em relação à explicação aqui oferecida é que cada um dos estudos de caso poderia ser explicado satisfatoriamente por meio de alguma referência à política interna, sem considerar as dinâmicas subsistêmicas regionais. Por exemplo, o fracasso em chegar a um acordo para um livre-comércio abrangente nas Américas poderia ser atribuído à ascensão de governos de esquerda, na América do Sul, no início dos anos de 2000, que se opunham ao projeto da Alca. Da mesma forma, as políticas brasileiras durante o regime militar poderiam ser atribuídas às características particulares desse tipo de governo. De fato, se pudesse ser demonstrado que os eventos históricos analisados aqui estavam relacionados principalmente configurações domésticas particulares de cada país, com a dinâmica regional desempenhando um papel distintamente irrelevante, isso obviamente invalidaria a hipótese aqui exposta. No entanto, uma das preocupações que esteve presente ao longo desta pesquisa foi deixar claro que houve um padrão regional de interações que permaneceu relativamente estável independentemente de circunstâncias domésticas particulares tanto nos Estados Unidos quanto no Brasil. Da mesma forma, isso também se aplicava à configuração do sistema internacional e ao papel dos Estados Unidos nas relações exteriores. Mesmo quando os Estados Unidos passaram de uma potência regional, em um mundo multipolar, para uma potência global, em um mundo bipolar, e, finalmente, para a superpotência remanescente, em um mundo unipolar, houve certos padrões de interação que permaneceram relativamente inalterados. Por outro lado, embora o Brasil tenha passado de uma monarquia para uma república, de um regime militar para uma democracia com presidentes de distintas perspectivas políticas, a preocupação básica com a manutenção do *status quo* no subsistema regional sul-americano permaneceu. Em outras palavras, as mudanças tanto no ambiente doméstico quanto no sistema internacional não levaram a mudanças no subsistema regional, o que parece indicar que o sistema internacional opera em uma lógica distinta.

Evidentemente, como esta pesquisa também procurou deixar claro, o fato de que o subsistema sul-americano demonstrou uma grande resiliência não significa que ele seja imutável. Na verdade, a possibilidade de mudança do subsistema foi um tema geral presente ao longo deste livro. Uma possibilidade de mudança subsistêmica seria se o ator externo mais poderoso concluísse que os benefícios da mudança compensavam os custos, ou seja, se os Estados Unidos decidissem, por exemplo, tornarem-se de fato um império na América do Sul. Isso poderia acontecer com ajuda do surgimento de condições internacionais particulares e circunstâncias domésticas nos Estados Unidos combinadas com a inaptidão brasileira para efetivamente afetar os cálculos americanos. O resultado provavelmente seria o estabelecimento de novos padrões de relacionamento no hemisfério ocidental, levando assim a uma possível amálgama dos subsistemas norte-americano e sul-americano, o que tornaria qualquer diferenciação entre eles em grande parte irrelevante. Da mesma forma, a hipótese proposta por esta pesquisa permanece válida apenas enquanto os interesses brasileiros permanecerem ligados à manutenção do *status quo* no subsistema regional da América do Sul. Segue-se que, se o Brasil se tornar incapaz ou não quiser manter o *status quo*, a possibilidade de mudança subsistêmica aumenta significativamente. Este livro procurou demonstrar que esse interesse básico não mudou ao longo da história e que ele tem estado presente independentemente de variações nas condições domésticas ou internacionais. Isso não é muito surpreendente, já que é razoável esperar que o poder dominante em qualquer subsistema regional favoreça a manutenção do *status quo* do sistema, o que talvez explique a relativa consistência das metas regionais brasileiras em oposição às amplas variações nas políticas externas de vários outros países latino-americanos. Como este livro pretendia deixar claro, porque o poder dos Estados Unidos tem sido percebido como uma potencial ameaça à posição brasileira no subsistema regional sul-americano. Por isso, manter os Estados Unidos ausente nesse subsistema tem sido uma preocupação central do Brasil.

A discussão acima também é importante para abordar outra questão importante em relação às suposições deste livro. O leitor atento notará as constantes referências aos interesses brasileiros ou interesses americanos, o que indicaria que esta pesquisa tem um viés realista, pois tanto considera os estados como os principais atores nas relações internacionais quanto os trata como atores unitários preocupados principalmente com o que percebem como seu próprio interesse nacional. Enquanto o primeiro é de fato uma suposição central deste livro, o segundo é parcialmente. Como esta pesquisa tinha um foco sistêmico/estrutural que pretendia explicar a continuidade em vez da mudança, bem como o resultado de iniciativas de política externa em vez de processos de tomada de decisão que levavam às políticas particulares, tratar os estados como atores unitários não era nada mais do que uma conveniência para fins epistemológicos. Como foi apontado acima, uma preocupação central deste livro foi mostrar que houve um amplo padrão de interações entre os Estados Unidos e o subsistema regional sul-americano, que existiu independentemente de circunstâncias domésticas particulares. Seria difícil fazer esse tipo de generalização e ao mesmo tempo levar em consideração as complexidades dos processos domésticos. Além disso, como esta pesquisa se debruça sobre um longo período, examinar as peculiaridades de cada decisão individual de política externa seria uma tarefa hercúlea, claramente fora do escopo deste livro. No entanto, um expediente conveniente não é necessariamente uma suposição. Os neorrealistas podem assumir confortavelmente os estados como atores unitários em grande parte porque tratam o sistema internacional como uma variável independente, criando pressões tão dominantes que os nomes domésticos são de pouca ou nenhuma importância. Esta pesquisa pressupõe que os estados e subsistemas regionais são mutuamente constitutivos e, portanto, mudanças domésticas podem eventualmente levar a mudanças subsistêmicas. Na verdade, este livro faz uma importante suposição em nível de unidade quando afirma que sucessivos governos brasileiros têm se preocupado com a manutenção do *status quo* na América do Sul, o que também pode ser entendido como uma resposta a um incentivo subsistêmico. Como mencionado acima, se essa preocupação central mudasse, o subsistema também poderia mudar. Como esse não foi o caso, e o objetivo desta pesquisa era explicar a persistência e não a transformação do subsistema regional sul-americano, não foi necessário recorrer ao exame da dinâmica interna.

Finalmente, além de considerações teóricas específicas, o leitor atento notará a falta de fontes primárias, particularmente no capítulo sobre a Doutrina Monroe. Isso se deve ao fato de que o uso de fontes primárias foi considerado como prescindível para os propósitos deste livro, uma vez que todas as citações e observações necessárias dos formuladores de políticas estavam disponíveis por meio de fontes secundárias e o objetivo não era apresentar descobertas radicalmente novas, mas sim reinterpretar a literatura disponível através da lente teórica empregada neste livro. Com relação ao capítulo sobre a Guerra Fria, além do já mencionado problema de acesso à documentação sobre os regimes militares na América do Sul, as fontes primárias mais importantes para os argumentos aqui apresentados foram os documentos desarquivados sobre a reunião de Nixon e Médici. Além disso, como uma tentativa de compensar a falta de documentação disponível do lado brasileiro durante esse período, foi feito um esforço considerável para levantar biografias, entrevistas e memórias dos principais atores envolvidos no processo histórico. Provavelmente o capítulo que mais teria a ganhar com um uso mais amplo de fontes primárias, particularmente entrevistas com personagens-chave, seria o capítulo sobre o período pós-Guerra Fria. Esperamos, portanto, que futuras pesquisas confirmem a hipótese aqui apresentada.

Implicações teóricas

Como foi apontado acima, para responder às perguntas feitas por essa nova busca, foi necessário contar com uma metodologia baseada no conceito de subsistema regional. Essa escolha metodológica se baseou no argumento de que nem as abordagens do sistema nacional nem as do sistema internacional eram adequadas para explicar o principal quebra-cabeça examinado neste livro. Embora a principal preocupação deste livro fosse analisar especificamente a interação entre os Estados Unidos e o subsistema sul-americano, a metodologia aqui proposta poderia contribuir para refinar questões teóricas mais amplas no campo das relações internacionais. Assim, pelo menos quatro grandes contribuições teóricas podem ser apontadas.

A primeira contribuição que a perspectiva subsistêmica regional empregada aqui poderia oferecer ao estudo das relações internacionais é fornecer um arcabouço teórico para o estudo das potências menores no sistema internacional. A abordagem do sistema internacional, com seu foco explícito nas grandes potências, tende a ignorar a importância das pequenas e médias potências. Como é provável que as potências médias tenham, na maioria das vezes, um interesse mais regional do que global, a abordagem do subsistema regional parece ser a única para compreender o papel desses estados, tanto em relação a seu próprio subsistema regional quanto em relação às potências externas. Isso tem se tornado cada vez mais importante, à medida que se torna claro que as abordagens tradicionais do sistema internacional têm uma aplicabilidade limitada no mundo atual. As abordagens sistêmicas convencionais baseadas no número de polos do sistema e a formação de equilíbrios globais de poder tendem a se tornar menos relevantes em um mundo que não é multipolar. Em meados da década de 1960, George Liska descreveu o sistema internacional como bipolar, mas "unifocal", o que significa que, embora houvesse dois grandes polos nesse sistema, ele constituía em essência um "sistema imperial" centrado em torno dos Estados Unidos, já que a relação dos países com os Estados Unidos era mais importante do que a relação que esses estados tinham entre si (Liska, 1967). Assim, conforme Liska (1967), pode-se descrever o atual sistema internacional como unipolar, mas multifocal. Isto é, embora exista um polo importante no sistema, o sistema não está necessariamente organizado em torno desse polo. Não é que os Estados Unidos tenham perdido sua preeminência, ou mesmo que a perca em um futuro próximo, mas sim, que essa preeminência está se tornando cada vez mais irrelevante. Em outras palavras, o sistema internacional ainda pode ser caracterizado como unipolar, embora isso não pareça importar muito. Se durante a Guerra Fria, as pressões globais que emanavam da configuração bipolar do sistema internacional poderiam explicar uma série de fenômenos; nos atuais estados do mundo, essas explicações estão cada vez mais sujeitas a pressões que emanam mais de seus próprios subsistemas regionais de respeito do que do sistema internacional como um todo.

Uma segunda contribuição da abordagem do subsistema regional ao estudo das relações internacionais é o fato dele chamar a atenção para o outro fator que caracteriza o sistema internacional, além da anarquia: a "não mobilidade", ou seja, o fato de os estados estarem fixos no espaço. Aplicar teorias sistêmicas que foram criadas e levar em consideração unidades que são móveis em um sistema cujas unidades principais são imóveis pode gerar explicações insatisfatórias. Se um sistema é composto por unidades estruturais e interativas, a abordagem do subsistema regional destaca o fato de que tanto a anarquia quanto a geografia afetam a interação entre os estados. Ignorar o papel da imobilidade significaria supor que se o Brasil estivesse localizado onde está o México, pouco mudaria na política externa brasileira. Isso parece contraintuitivo pelo simples fato de que a política externa brasileira, como a política externa de qualquer outro Estado, está intimamente relacionada à sua situação geográfica. Portanto, os subsistemas regionais diferem do sistema internacional, no qual o primeiro varia não só no tempo, mas também no espaço. A aplicação da estrutura estabelecida por este livro ao estudo de outros subsistemas regionais exigiria primeiramente o delineamento das fronteiras do subsistema regional com base na geografia e nos padrões de interações, seguido da identificação das características específicas do subsistema regional em estudo, que é o que o capítulo 3 tentou fazer para o subsistema sul-americano. Essa caracterização poderia começar decifrando os principais atores regionais e as principais potências externas, seguido de um exame de como os principais atores regionais interagem dentro de seu próprio subsistema, bem como as formas que eles interagem com as potências externas. Se uma teoria geral de subsistemas regionais for desenvolvida, ela provavelmente deveria começar estabelecendo os principais critérios para classificar diferentes tipos de subsistemas regionais, a fim de comparar e avaliar se subsistemas regionais similares apresentam de fato características similares.

Em terceiro lugar, a abordagem do subsistema regional trata de duas questões teóricas fundamentais nas relações internacionais: a questão do nível de análise e o debate agente-estrutura. Quanto à primeira, a perspectiva subsistêmica abre novas possibilidades de pesquisa, pois revela um terceiro nível de análise, localizado entre o sistema nacional e o internacional. Assim, procura evitar tanto a homogeneização artificial associada a este como a hiperdiferenciação associada, reconhecendo diferentes graus de interação entre os Estados, mas sem necessariamente olhar para cada país individualmente, já que a principal preocupação é com o papel dos atores regionais mais poderosos. Entretanto, como a esmagadora maioria da literatura em relações internacionais tem se concentrado tanto no sistema internacional total quanto no Estado nacional, o nível regional tem permanecido consideravelmente subteorizado. Em relação ao debate agente-estrutura, a abordagem do subsistema regional, com seu reconhecimento dos diferentes níveis de interação entre os estados, exige o uso de uma abordagem fundamentada para lidar com a relação entre interação social e efeitos estruturais.

Portanto, uma perspectiva construtivista, cuja premissa básica é a noção de que agentes e estrutura são mutuamente constitutivos, parece ser apropriada. Mas, enquanto a literatura construtivista tende a enfatizar estruturas ideológicas em detrimento de estruturas materiais, a abordagem do subsistema regional, pelo fato de enfatizar a territorialidade, destaca esta última. Consequentemente, ela assume que as interações entre os estados são afetadas não apenas pelo papel das ideias, mas também pela realidade física da localização geográfica, que também afeta a forma como as ideias são produzidas e reproduzidas.

Finalmente, uma importante vantagem comparativa da estrutura teórica empregada aqui sobre outras abordagens é que ela amplia as típicas explicações unidirecionais nas quais a direção causal vai apenas em um sentido, ou seja, como as políticas externas dos Estados Unidos afetaram seus chamados estados clientes. Essa tendência é ainda mais pronunciada no caso da América do Sul, pois é considerada uma área de influência direta dos Estados Unidos e porque seus estados são comparativamente fracos. Há cerca de três décadas, Geir Lundestad explorou as vantagens teóricas de deslocar o foco para longe dos Estados Unidos e para os objetos da política externa americana, a fim de demonstrar que os objetos também eram sujeitos, o que significa que a periferia poderia afetar diretamente o resultado das políticas formuladas pelo centro. Diferentemente dos argumentos tradicionalistas e revisionistas sobre a Guerra Fria, Lundestad (1986) argumentou que os Estados Unidos – como a antiga União Soviética – se tornaram um império na Europa, mas foi assim porque os próprios europeus os convidaram os Estados Unidos a desempenhar tal papel. Os Estados Unidos eram, portanto, conforme Lundestad, um império convidado durante a Guerra Fria (Lundestad, 1986). A estrutura subsistêmica regional procura explorar as vantagens teóricas óbvias de ver objetos também como sujeitos, descobrindo assim interações que de outra forma permaneceriam em grande parte ignoradas.

Implicações políticas

Demonstrar a existência de um subsistema sul-americano distinto e examinar como ele tem interagido com os Estados Unidos não só tem implicações implícitas para o estudo das relações interamericanas, mas também tem importantes implicações políticas para os pesquisadores. Inicialmente, fica evidente que os Estados Unidos devem levar em conta que suas iniciativas em relação à América Latina geralmente terão resultados diferentes nos subsistemas regionais do hemisfério. Há quase 40 anos, Thompson comentou que "a política externa de grandes potências deu ocasionalmente a impressão de que os subsistemas ou não existem ou pelo menos não precisam ser levados a sério" (1973, p. 97). Embora se possa argumentar que, de modo geral, os Estados Unidos melhoraram em termos de elaboração de políticas externas específicas para diferentes subsistemas regionais, em seu próprio hemisfério houve pouco avanço, pois permanece a premissa de que existe um subsistema regional latino-americano. Portanto, seria aconselhável que os Estados Unidos eliminassem sua política latino-americana e suas políticas de projeto especificamente direcionadas à América do Sul. De fato, os Estados Unidos não têm uma política africana que inclua tanto o Egito quanto a África do Sul pela simples razão de que isso seria de pouca utilidade em termos práticos. O departamento de Estado tem um gabinete de assuntos africanos, que cobre a África Subsaariana, enquanto tem um gabinete de assuntos do Oriente Próximo separado para estudar o Norte da África e o Oriente Médio. Por outro lado, o gabinete de assuntos do hemisfério ocidental cobre toda a América Latina.

Mas as subdivisões burocráticas são menos importantes do que a política real, e o fato é que os Estados Unidos desenvolveram um conjunto específico de políticas para países-chave no mundo. Assim, sucessivas administrações estadunidenses tiveram que lidar com o desenvolvimento de uma política para a China ou uma política para a Rússia. Da mesma forma, dentro do contexto de uma política sul-americana maior, deveria ser desenvolvida uma política para o Brasil. Isso se tornou ainda mais relevante, dada a crescente importância brasileira na arena internacional[46]. Como argumenta Fareed Zakaria, apesar da turbulência política, o início dos anos de 2000 testemunharam o maior período de expansão da economia global, que beneficiou particularmente as economias emergentes da Ásia e da América Latina, abrindo caminho para uma "mudança tectônica" na distribuição do poder. Para Zakaria, essa redistribuição de poder levou a um "mundo pós-americano" caracterizado não necessariamente pelo declínio dos Estados Unidos, mas pela "ascensão do resto" (Zakaria, 2008). Nesse contexto, embora muita atenção fora dada à Índia e, especialmente, à China, o Brasil também se tornou um ator relevante. Para Leslie Gelb (2009), o atual sistema internacional é caracterizado por uma estrutura piramidal na qual os Estados Unidos ocupam o topo e logo abaixo há uma segunda camada composta por China, Japão, Índia, Rússia, Reino Unido, França, Alemanha e Brasil. Gelb (2009) chama esses países de "os oito principais" e afirma que eles têm "poder suficiente para dar apoio essencial aos esforços conjuntos com os Estados Unidos e para bloquear ou impedir seriamente a ação de Washington" (Gelb, 2009, p. 76). Segundo Gelb, esses são os países-chave que os Estados Unidos devem levar em consideração ao buscar apoio para suas ações nas diferentes partes do globo.

---

46. Cf.: *The Economist* (2009); Rohter (2010); *The Independent* (2009); *The Washington Times* (2011).

Portanto, o desenvolvimento de uma política externa distintamente projetada para o Brasil faz sentido do ponto de vista dos Estados Unidos tanto por causa da influência crescente do Brasil no sistema internacional emergente como também dentro do contexto específico da América do Sul. Enquanto a América do Sul, em geral, e o Brasil, em particular, permanecerem enterrados em meio a uma política externa latino-americana ou hemisférica ocidental, as iniciativas americanas em relação à região serão destinadas a poucos resultados satisfatórios. Se os Estados Unidos podiam se dar ao luxo de não ter uma política sul-americana no passado, as tendências globais atuais parecem indicar que tal negligência terá consequências cada vez mais graves para a capacidade dos Estados Unidos de moldar o mundo pós-americano.

Mas que tipo de política sul-americana os Estados Unidos deveriam projetar? Embora não seja o objetivo deste livro oferecer uma resposta a essa pergunta, algumas lições do que foi demonstrado aqui poderiam ser úteis. Entre elas está o fato de que qualquer política dos Estados Unidos que possa ser interpretada pelo Brasil – e pelos formuladores de políticas como afetando o *status quo* do subsistema regional sul-americano – enfrentará certamente resistência. A questão é como um Brasil cada vez mais poderoso vai manipular essa resistência dentro do contexto do subsistema sul-americano? Se, por um lado, o crescimento do Brasil pode lhe dar mais recursos para defender o *status quo* na América do Sul e consolidar sua posição, por outro, esse mesmo crescimento pode gerar suspeitas entre seus vizinhos e ressurgir temores de uma hegemonia brasileira no subsistema. Portanto, a capacidade do Brasil de lidar com sua própria ascensão regional será um componente-chave de como a dinâmica do subsistema regional evoluirá. De qualquer forma, se os

Estados Unidos pretendem ter alguma influência significativa no Brasil e, consequentemente, na América do Sul, uma alternativa viável é aumentar o nível de interdependência, particularmente no campo econômico, entre eles. Isso exigiria uma tomada de medidas, mesmo que de forma unilateral, direcionadas a aumentar o nível de comércio entre os dois países, particularmente em áreas sensíveis para o Brasil, como a agricultura (Teixeira, 2011). Obviamente existem obstáculos internos nos Estados Unidos que devem ser superados para empreender essas iniciativas. A questão então é se os formuladores de políticas americanas estarão dispostos a suportar os custos da liderança global e hemisférica no novo ambiente internacional emergente ou se as preocupações domésticas tornarão os Estados Unidos cada vez mais ausente na América do Sul.

Posfácio

Este livro foi publicado pela primeira vez em 2012, quando o Brasil vivia um aparente momento de ascensão econômica e projeção internacional. Desde então, o cenário político mudou radicalmente tanto no Brasil quanto no mundo. A principal mudança para os fins dos argumentos desenvolvidos neste livro foi a eleição de dois líderes populistas de direita: Donald Trump, nos Estados Unidos, em 2016; e Jair Bolsonaro, no Brasil, em 2018. Esses eventos surpreenderam e desafiaram muitos pesquisadores políticos, que não conseguiram prever ou explicar esses fenômenos. Os recentes eventos também colocaram em xeque muitos dos argumentos apresentados nos capítulos anteriores deste livro, especialmente no capítulo 6, que trata do período pós-Guerra Fria e das negociações da Área de Livre Comércio das Américas (Alca).

Como destacado no capítulo de conclusão, mudanças subsistêmicas podem ocorrer devido às mudanças domésticas, dado que uma premissa importante é a de que estados e subsistemas regionais são mutuamente constitutivos. Nesse sentido, o que explica o papel do Brasil em alterar o cálculo de custos e benefícios visando manter os Estados Unidos como um império ausente no subsistema sul-americano é que sucessivos governos brasileiros têm se preocupado com a manutenção do *status quo* na América do Sul e que se, portanto, essa preocupação central mudasse, o subsistema também poderia mudar. Como eu havia apontado, dado que esse não foi o caso, e o objetivo desta pesquisa era explicar a persistência e não a transformação do subsistema regional sul-americano, não foi necessário recorrer ao exame da dinâmica interna. A questão que se coloca na segunda metade do século XXI é se o governo Bolsonaro representaria essa mudança que nos forçaria a olharmos para a política doméstica para compreender uma eventual transformação subsistêmica. Além disso, junto com esse ponto, há a questão da consolidação da China como uma potência global extrarregional, disputando espaço com os Estados Unidos na América Latina, como um todo, e no subsistema regional sul-americano, em particular. Trato dessas questões a seguir.

O governo Bolsonaro, principalmente durante seus primeiros anos, trouxe uma série de mudanças na política externa, sobretudo, em relação aos países vizinhos da América do Sul. Em certa medida, o governo Bolsonaro representou uma ruptura histórica com a tradição de política externa brasileira, que foi o objeto deste livro. Quando assumiu o poder em janeiro de 2019, Bolsonaro adotou uma postura de maior proximidade com os Estados Unidos em detrimento da integração regional. Ao contrário do período militar, quando a proximidade maior com os Estados Unidos teve como um de seus objetivos estratégicos a consolidação da posição brasileira no subsistema sul-americano, conforme visto no caso do golpe militar chileno no capítulo 5, Bolsonaro buscou se aproximar dos Estados Unidos apenas por conta de afinidades ideológicas com o então ocupante da Casa Branca, Donald Trump.

Dessa forma, comparado com o momento de maior aproximação do Brasil com os Estados Unidos durante os primeiros anos do governo militar brasileiro, a postura mais próxima do governo Bolsonaro com os Estados Unidos se deu juntamente com uma postura mais distante em relação à integração regional. A postura bolsonarista em relação aos países vizinhos, especialmente a Venezuela e a Bolívia, mas também em relação à Argentina após a vitória de Alberto Fernandez, levantou preocupações quanto ao papel do Brasil na região. Além disso, o governo Bolsonaro enfraqueceu instituições regionais, como a Unasul, que havia sido criada com o objetivo de fortalecer a cooperação e a coordenação entre os países da região.

Em resumo, é possível argumentar que a política externa do governo Bolsonaro representou um desafio para a tese central deste livro, ao questionar o papel do Brasil como líder regional e buscar uma aproximação de caráter ideológico com os Estados Unidos de Donald Trump, completamente desconectada das preocupações com sua posição no subsistema sul-americano. Considerando que o governo Bolsonaro se encerrou em 2022, surge a questão se a sua política externa representou um ponto fora da curva ou indicou tendências de mudança na liderança regional do Brasil e nas relações com os países vizinhos sul-americanos. Há alguns indícios que parecem apontar para a primeira possibilidade.

Um desses indícios é que durante o próprio governo Bolsonaro foi necessário um ajuste de rota após as eleições de Joe Biden em 2020. Ou seja, tendo apostado todas as suas fichas na relação pessoal com Trump e antagonizando os adversários do candidato republicano, Bolsonaro adotou uma estratégia arriscada, na medida em que esse movimento dependia exclusivamente da reeleição de Donald Trump. Como isso não ocorreu, o equívoco da estratégia bolsonarista foi desnudado e Bolsonaro se viu obrigado a demitir seu ministro das relações exteriores para colocar alguém mais competente e alinhado com as tradições brasileiras de política externa. Além disso, vale considerar que algumas das mudanças trazidas pela gestão de Bolsonaro podem ter sido específicas a essa gestão em particular, já que muitas das posturas adotadas foram amplamente criticadas por diferentes setores da sociedade e da política brasileira. Essa crítica pode levar a um movimento de busca por uma restauração do papel de liderança regional do Brasil e de uma política externa mais alinhada aos valores tradicionais de cooperação e negociação com os países da América do Sul. Finalmente, tanto Trump quanto Bolsonaro foram derrotados em suas respectivas tentativas de reeleição, o que pode indicar que o período de 2019 a 2020 tenha representado um ponto fora da curva no que concerne ao argumento feito neste livro.

Outra questão importante desde a publicação da edição original deste livro foi o processo de consolidação da ascensão da China como potência global e as mudanças no sistema internacional que isso acarreta. A China tem intensificado sua presença em países da região por meio de investimentos e acordos comerciais, o que pode causar mudanças em padrões de relacionamento que caracterizam o subsistema sul-americano. Como e quanto a ascensão da China vai mudar a estrutura do sistema internacional é uma questão que devemos acompanhar com atenção e análise crítica ao longo dos próximos anos para compreender melhor como elas podem afetar a dinâmica política na região e as teses exploradas neste livro.

Referências

AGEE, P. *Inside the Company*: C.I.A Diary. Nova York: Stonehill, 1975.

AGOR, W. H.; SUAREZ, A. The Emerging Latin American Political Subsystem. *Proceedings of the Academy of Political Science*, Ann Arbor, v. 30, n. 4, p. 153-166, 1972.

AGNEW, J. A.; DUNCAN, J. S. *The Power of Place*: Bringing Together Geographical and Sociological Imaginations. Londres: Unwin Hyman, 1989.

ALBERT, M; HILKERMEIER, L. *Observing International Relations*: Niklas Luhmann and World Politics. Abingdon: Routledge, 2004.

ALCA – ÁREA DE LIVRE-COMÉRCIO DAS AMÉRICAS. *Ministerial Declaration*: Free Trade Area of the Americas. Miami: Alca, 20 nov. 2003. Disponível em: http://www.ftaa-alca.org/Ministerials/Miami/Miami_p.asp. Acesso em: 10 jan. 2024.

ALMEYDA, C. The Foreign Policy of the Unidad Popular Government. *In*: SIDERI, S. (ed.). *Chile 1970-1973*: Economic Development and its International Setting; Self-Criticism of the Unidad Popular Government's Policies. Haia: Nijhoff, 1979.

ALVAREZ, A. *The Monroe Doctrine*: Its Importance in the International Life of the States of the New World. Nova York: Oxford University Press, 1924.

ANDREW, C.; MITROKHIN, V. *The World Was Going Our Way*: The KGB and the Battle for the Third World. Nova York: Basic Books, 2005.

ARAÚJO, M. C. S.; SOARES, G. A. D.; CASTRO, C. *Os anos de chumbo*: a memória militar sobre a repressão. Rio de Janeiro: Relume-Dumará, 1994.

ASTIZ, C. A. (ed.). *Latin American International Politics; Ambitions, Capabilities, and the National Interest of Mexico, Brazil, and Argentina*. Notre Dame: University of Notre Dame Press, 1969.

ATKINS, G. P. *Latin America and the Caribbean in the International System*. 4. ed. Abingdon: Routledge, 1999.

BACEVICH, A. J. *American Empire*: The Realities and Consequences of U.S. Diplomacy. Cambridge: Harvard University Press, 2002.

BAILY, S. L. *The United States and the Development of South America, 1945-1975*. Nova York: New Viewpoints, 1976.

BANDEIRA, L. A. M. *Presença dos Estados Unidos no Brasil*: dois séculos de história, coleção retratos do Brasil. Rio de Janeiro: Civilização Brasileira, 1973. v. 87.

BANDEIRA, L. A. M. *Estado nacional e política internacional na América Latina*: o continente nas relações Argentina-Brasil, 1930-1992. São Paulo: Ensaio, 1993.

BANDEIRA, L. A. M. *Relações Brasil-EUA no contexto da globalização*. 2. ed. São Paulo: Editora Senac, 1997. v. 2.

BANDEIRA, L. A. M. *Brasil, Argentina e Estados Unidos*: conflito e integração na América do Sul – Da tríplice aliança ao Mercosul, 1870-2001. Rio de Janeiro: Revan, 2003.

BANDEIRA, L. A. M. *As relações perigosas*: Brasil-Estados Unidos (de Collor a Lula, 1990-2004). Rio de Janeiro: Civilização Brasileira, 2004.

BANDEIRA, L. A. M. *Fórmula para o caos*. A derrubada de Salvador Allende (1970-1973). Rio de Janeiro: Civilização Brasileira, 2008.

BANDEIRA, L. A. M. O Brasil como potência regional e a importância estratégica da América do Sul na sua política exterior. *Temas & Matizes*, [s. l.], v. 7, n. 14, p. 9-32, 2009.

BARBOZA, M. G. *Na diplomacia, o traço todo da vida*. Rio de Janeiro: Record, 1992.

BARCLAY, G. S. J. *Struggle for a Continent*: The Diplomatic History of South America, 1917-1945. Londres: Sidgwick and Jackson, 1971.

BARRIONUEVO, A. Memos Show Nixon's Bid to Enlist Brazil in a Coup. *New York Times*, Nova York, 16 ago. 2009.

BAUTISTA YOFRE, J. *Misión Argentina en Chile, 1970-1973*. Buenos Aires: Editorial Sudamericana, 2000.

BECKER, E. Accord Reached on a Bill Raising Farm Subsidies. *New York Times*, Nova York, 27 abr. 2002.

BECÚ, A. C. *El "A. B. C." y su concepto político y jurídico*. Buenos Aires: Librería La Facultad de J. Roldán, 1915.

BERNIER, I.; ROY, M. Nafta and Mercosur: Two Competing Models? *In*: MACE, G.; BÉLANGER, L. (ed.). *The Americas in Transition*: The Contours of Regionalism. Boulder: Lynne Rienner Publishers, 1999.

BERTON, P. International Subsystems-A Submacro Approach to International Studies. *International Studies Quarterly*, Ann Arbor, v. 13, n. 4, p. 329-334, 1969.

BETHELL, L. Brazil and 'Latin America'. *Journal of Latin American Studies*, Cambridge, v. 42, n. 3, p. 457-485, 2010.

BINDER, L. The Middle East as a Subordinate International System. *World Politics*, Ann Arbor, v. 10, n. 3, p. 408-429, 1958.

BINGHAM, H. *The Monroe Doctrine*: An Obsolete Shibboleth. New Haven: Yale University Press, 1913.

BLACK, J. K. *United States Penetration of Brazil*. Philadelphia: University of Pennsylvania Press, 1977.

BLACK, J. K. *Sentinels of Empire*: The United States and Latin American Militarism. Nova York: Greenwood Press, 1986.

BLIJ, H. J. *The Power of Place*: Geography, Destiny, and Globalization's Rough Landscape. Oxford: Oxford University Press, 2009.

BLOOM, W. *Personal Identity, National Identity, and International Relations*. Cambridge: Cambridge University Press, 1990.

BLUM, W. *Killing Hope*: U.S. Military and C.I.A Interventions since World War II. Monroe: Common Courage Press, 2004.

BOND, R. D. Venezuela, Brazil, and the Amazon Basin. *In*: FERRIS, E. G.; LINCOLN, J. K. (ed.). *Latin American Foreign Policies*: Global and Regional Dimensions. Boulder: Westview Press, 1981.

BOULDING, K. E. *Conflict and Defense*: a General Theory. Nova York: HarperCollins, 1962.

BOWMAN, L. W. The Subordinate State System of Southern Africa. *International Studies Quarterly*, Ann Arbor, v. 12, n. 3, p. 231-261, 1968.

BRADLEY, J. *The Imperial Cruise*: A Secret History of Empire and War. Nova York: Little, Brown, 2009.

BRECHER, M. International Relations and Asian Studies: The Subordinate State System of Southern Asia. *World Politics*, Ann Arbor, v. 15, n. 2, p. 213-235, 1963.

BRECHER, M. *The Foreign Policy System of Israel*: Setting, Images, Process. New Haven: Yale University Press, 1972.

BURGES, S. W. *Brazilian Foreign Policy after the Cold War*. Gainesville: University Press of Florida, 2009.

BURNS, E. B. *The Unwritten Alliance*: Rio-Branco and Brazilian-American Relations. Nova York: Columbia University Press, 1966.

BURR, R. N. The Balance of Power in Nineteenth-Century South America: An Exploratory Essay. *The Hispanic American Historical Review*, Durham, v. 35, n. 1, p. 37-60, 1955.

BURR, R. N. *The Stillborn Panama Congress*: Power Politics and Chilean-Colombian Relations during the War of the Pacific. Berkeley: University of California Press, 1962.

BURR, R. N. *By Reason or Force*: Chile and the Balancing of Power in South America, 1830-1905. Berkeley: University of California Press, 1967.

BURR, R. N. International Interests of Latin American Nations. *In*: CANTORI, L. J.; SPIEGEL, S. L. *The International Politics of Regions*. Hoboken: Prentice-Hall, 1970.

BUZAN, B.; WÆVER, O. *Regions and Powers*: The Structure of International Security. Cambridge: Cambridge University Press, 2003.

CANTANHÊDE, E. Estados Unidos ajudam quando ficam longe, diz Jobim. *Folha de S.Paulo*, São Paulo, 22 mar. 2008.

CANTORI, L. J.; SPIEGEL, S. L. *The International Politics of Regions*. Hoboken: Prentice-Hall, 1970.

CARDOSO, F. H. *Política externa em tempos de mudança*: a gestão do ministro Fernando Henrique Cardoso no Itamaraty (5 de outubro de 1992 a 21 de maio de 1993). Discursos, artigos e entrevistas. Brasília, DF: Fundação Alexandre de Gusmão, 1994.

CARDOSO, F. H. O Brasil e uma nova América do Sul. *Valor Econômico*, São Paulo, 30 ago. 2000.

CARRANZA, M. E. *South American Free Trade Area or Free Trade Area of the Americas?* Open Regionalism and the Future of Regional Economic Integration in South America. Burlington: Ashgate, 2000.

CARRANZA, M. E. Can Mercosur Survive? Domestic and International Constraints on Mercosur. *Latin American Politics and Society*, Cambridge, v. 45, n. 2, p. 67-103, 2003.

CARRANZA, M. E. Mercosur and the End Game of the FTAA Negotiations: Challenges and Prospects after the Argentine Crisis. *Third World Quarterly*, Abingdon, v. 25, n. 2, p. 319-337, 2004.

CARVALHO, J. M. *A Monarquia brasileira*. Rio de Janeiro: Ao Livro Técnico, 1993.

CERVO, A. L.; BUENO, C. *História da política exterior do Brasil*. 3. ed. Brasília: Editora UnB, 2008.

CHANG, Y-C.; POLACHEK, S. W.; ROBST, J. Conflict and Trade: The Relationship Between Geographic Distance and International Interactions. *Journal of Socio-Economics*, Amsterdam, v. 33, n. 4, p. 491-509, 2004.

CHAPMAN, C. E. The Founding of the Review. *The Hispanic American Historical Review*, Durham, v. 1, n. 1, p. 8-23, 1918.

CHEVALIER, M. *Society, manners and politics in the United States*. Nova York: A. M. Kelley, 1966.

CHILD, J. *Unequal Alliance*: The Inter-American Military System, 1938-1979. Boulder: Westview Press, 1980.

COMBLIN, J. *A ideologia da segurança nacional*: o poder militar na América Latina. Rio de Janeiro: Civilização Brasileira, 1978.

CONDURU, G. F. O subsistema americano, Rio Branco e o ABC. *Revista Brasileira de Política Internacional*, Brasília, DF, v. 41, n. 2, p. 59-82, 1998.

CONTREIRAS, H. *Militares confissões*: histórias secretas do Brasil. Rio de Janeiro: Mauad, 1998.

CONNELL-SMITH, G. *The Inter-American System*. Nova York: Royal Institute of International Affairs, 1966.

CORRÊA, M. P. *O mundo em que vivi*. Rio de Janeiro: Expressão e Cultura, 1995.

CRANDALL, R. *Gunboat Democracy*: U.S. Interventions in the Dominican Republic, Grenada, and Panama. Lanham: Rowman & Littlefield Publishers, 2006.

DANS, G. V. *NACLA's Brasil a la ofensiva*: La estrategia continental del imperialismo. Lima: Editorial Dipsa, 1975.

DAVIS, N. *The Last Two Years of Salvador Allende*. Ithaca: Cornell University Press, 1985.

DOMÍNGUEZ, J.; FERNÁNDEZ DE CASTRO, R. *The United States and Mexico*: Between Partnership and Conflict. 2. ed. Abingdon: Routledge, 2009.

DOWNIE, A. A South American Arms Race? *Time*, Nova York, 21 dez. 2007.

DOYLE, M. W. *Empires* (Cornell Studies in Comparative History). Ithaca: Cornell University Press, 1986.

DUNKERLEY, J. *Rebellion in the Veins*: Political Struggle in Bolivia, 1952-82. Londres: Verso, 1984.

ESTADOS UNIDOS. Department of State. Foreign Relations of the United States. *Memorandum from the Senior Department of De-*

fense Attaché in France (Walters) to the President's Assistant for National Security Affairs (Kissinger). Washington, DC: Departamento de Estado, [197-?].

ESTADOS UNIDOS. *Secret Department of State Telegrama to U.S. Embassies in Brazil and Argentina. Subject-Numeric Files 1970-73*. Maryland: National Archives and Records Administration, 20 ago. 1971a.

ESTADOS UNIDOS. *Secret U.S. Embassy Preliminary Analysis and Strategy Paper – Uruguay (Microfiche on Human Rights in Uruguay 1971-1983)*. Washington, DC: Departamento de Estado, 25 ago. 1971b.

ESTADOS UNIDOS. *Secret Department of State Memorandum from Theodore Eliot Jr. to Henry Kissinger*. (Department of State Subject-Numeric Files 1970-73). Maryland: National Archives and Records Administration, 27 nov. 1971c.

ESTADOS UNIDOS. *Memorandum for the President's File*. Foreign Relations of the United States. Washington, DC: Departamento de Estado, 9 dez. 1971d.

ESTADOS UNIDOS. *Top Secret Memorandum from Henry Kissinger on a meeting between the U.S. President and British Prime Minister Edward Heath*. (VIP Visits boxes 910-954, Nixon National Security Council Materials). Maryland: National Archives and Records Administration, 20 dez. 1971e.

ESTADOS UNIDOS. *Memorandum From the Acting Director of Central Intelligence (Cushman) to the President's Assistant for National Security Affairs (Kissinger)*. Washington, DC: Departamento de Estado, 29 dez. 1971f.

ESTADOS UNIDOS. *National Intelligence Estimate 93-72*. Washington, DC: Departamento de Estado, 13 jan. 1972.

ESTADOS UNIDOS. Select Committee to Study Governmental Operations with Respect to Intelligence Activities. *Covert action in Chile, 1963-1973*. Staff report of the Select Committee to Study Governmental Operations with Respect to Intelligence Activities, United States Senate. Washington, DC: Government Publishing Office's, 1975.

ESTADOS UNIDOS. CIA – Central Intelligence Agency. *C.I.A Activities in Chile*. Washington, DC: CIA, 18 set. 2000. Disponível em: https://irp.fas.org/cia/product/chile/index.html. Acesso em: 2 fev. 2010.

ESTEVES, D. *Documentos históricos do Estado-Maior do Exército*. Brasília, DF: Edição do Estado-Maior do Exército, 1996.

ETHERINGTON, N. *Theories of Imperialism*: War, Conquest, and Capital. Londres: Croom Helm, 1984.

FARIAS, C.; CAMARGO, A.; GÓIS, W. *Meio século de combate*: diálogo com Cordeiro de Farias. Rio de Janeiro: Nova Fronteira, 1981.

FAURIOL, G. A.; PERRY, W. *Thinking Strategically About 2005*: The United States and South America. Washington, DC: Center for Strategic and International Studies, 1999.

FAWCETT, L.; HURRELL, A. (ed.). *Regionalism in World Politics*: Regional Organization and International Order. Oxford: Oxford University Press, 1995.

FEINBERG, R. E. *Summitry in the Americas*: A Progress Report. Washington, DC: Institute for International Economics, 1997.

FERES JÚNIOR, J. *A History of the Concept of Latin America in the United States*: Misrecognition and Social Scientific Discourse. Nova York: Nova Science Publishers, 2003.

FERGUSON, N. *Colossus*: The Price of America's Empire. Nova York: Penguin Press, 2004.

FERRIS, E. G. The Andean Pact and the Amazon Treaty: Reflections of Changing Latin American Relations. *Journal of Interamerican Studies and World Affairs*, Ann Arbor, v. 23, n. 2, p. 147-175, 1981.

FICO, C. *O grande irmão*: da Operação Brother Sam aos Anos de Chumbo. Rio de Janeiro: Civilização Brasileira, 2008.

FRANCIS, M. J.; POWER, T. J. South America. *In*: DENT, D. (ed.). *Handbook of Political Science Research on Latin America*: Trends from the 1960s to the 1990s. Nova York: Greenwood Press, 1990.

FRANKO, P. M. *Toward a New Security Architecture in the Americas*: The Strategic Implications of the FTAA. Washington, DC: Center for Strategic and International Studies, 2000.

GABRIEL TOKATLIAN, J. Política exterior argentina de Menem a de la rua: la diplomacia del ajuste. *Escenarios Alternativos*, [s. l.], v. 4, n. 9, 2000.

GADDIS, J. L. *We Now Know*: Rethinking Cold War History. Oxford: Oxford University Press, 1997.

GALLARDO LOZADA, J. *De Torres a Banzer*. Buenos Aires: Ediciones Periferia, 1972.

GANZERT, F. W. The Baron do Rio-Branco, Joaquim Nabuco, and the Growth of Brazilian-American Friendship, 1900-1910. *The Hispanic American Historical*, Durham, v. 22, n. 3, p. 432-451, 1942.

GASPARI, E. *A Ditadura escancarada*. São Paulo: Companhia das Letras, 2002.

GASPARI, E. *A Ditadura derrotada*. São Paulo: Companhia das Letras, 2003.

GELB, L. H. *Power Rules*: How Common Sense Can Rescue American Foreign Policy. Nova York: HarperCollins, 2009.

GILDERHUS, M. T. *Pan American Visions*: Woodrow Wilson in the Western Hemisphere, 1913-1921. Tucson: University of Arizona Press, 1986.

GILDERHUS, M. T. The Monroe Doctrine: Meanings and Implications. *Presidential Studies Quarterly*, Hoboken, v. 36, n. 1, p. 5-16, 2006.

GILL, L. *The School of the Americas*: Military Training and Political Violence in the Americas. Durham: Duke University Press, 2004.

GILPIN, R. *War and Change in World Politics*. Cambridge: Cambridge University Press, 1981.

GOLDMANN, K. The Foreign Sources of Foreign Policy: Causes, Conditions, or Inputs? *European Journal of Political Research*, Hoboken, v. 4, n. 3, p. 291-309, 1976.

GOMEZ-MERA, L. Explaining Mercosur's Survival: Strategic Sources of Argentine-Brazilian Convergence. *Journal of Latin American Studies*, Cambridge, v. 37, n. 1, p. 109-140, 2005.

GORDON, L. *Brazil's Second Chance*: En Route toward the First World. Washington, DC: Brookings Institution Press, 2001.

GORMAN, S. M. Present Threats to Peace in South America: The Territorial Dimensions of Conflict. *Inter-American Economic Affairs*, [s. l.], v. 33, n. 1, p. 1-71, 1979.

GRAEL, D. M. *Aventura, corrupção e terrorismo*: à sombra da impunidade. Petrópolis: Vozes, 1985.

GRANDIN, G. *Empire's Workshop*: Latin America, the United States, and the Rise of the New Imperialism. Nova York: Metropolitan Books, 2006.

GREENTREE, T. R. *Crossroads of Intervention*: Insurgency and Counterinsurgency Lessons from Central America. Westport: Praeger Security International, 2008.

HAAS, M. International Subsystems: Stability and Polarity. *American Political Science Review*, Cambridge, v. 64, n. 1, p. 98-123, 1970.

HAGGARD, S. The Political Economy of Regionalism in the Western Hemisphere. *In*: WISE, C. (ed.). *The Post-Nafta Political Economy*: Mexico and the Western Hemisphere. University Park: Pennsylvania State University Press, 1998.

HANDELMAN, S. Special Report: Summit of the Americas. *Time*, 19 abr. Nova York, 2001.

HART, A. B. *The Monroe Doctrine*: An Interpretation. Boston: Little, Brown, and Company, 1916.

HEALY, D. *US Expansionism*: The Imperialist Urge in the 1890s. Madison: University of Wisconsin Press, 1970.

HEALY, D. *Drive to Hegemony*: The United States in the Caribbean, 1898-1917. Madison: University of Wisconsin Press, 1988.

HEISS, M. A. The Evolution of the Imperial Idea and U.S. National Identity. *Diplomatic History*, Ann Arbor, v. 26, n. 4, p. 511-540, 2002.

HELLMANN, D. C. The Emergence of an East Asian International Subsystem. *International Studies Quarterly*, Ann Arbor, v. 13, n. 4, p. 421-434, 1969.

HENDRICKSON, D. C. *Union, Nation, or Empire*: The American Debate over International Relations, 1789-1941. Lawrence: University Press of Kansas, 2009.

HETTNE, B.; INOTAI, A.; SUNKEL, O. *Globalism and the New Regionalism*. Nova York: St. Martin's Press, 1999.

HILTON, S. E. *Brazil and the Great Powers, 1930-1939*: The Politics of Trade Rivalry. Austin: University of Texas Press, 1975.

HIRSCHMAN, A. *National Power and the Structure of Foreign Trade*. Albert O. Hirschman, National Power and the Structure of Foreign Trade. Berkeley: University of California Press, 1945.

HIRST, M. Mercosur's Complex Political Agenda. *In*: ROETT, R. (ed.). *Mercosur*: Regional Integration, World Markets. Boulder: Lynne Rienner, 1999.

HOBSON, J. A. *Imperialism*: A Study. Nova York: James Pott & Company, 1902.

HOFFMANN, S. Discord in Community: The North Atlantic Area as a Partial International System. *International Organization*, Ann Arbor, v. 17, n. 3, p. 521-549, 1963.

HOFFMANN, S. *Janus and Minerva*: Essays in the Theory and Practice of International Politics. Abingdon: Routledge, 1987.

HOLM, H. H.; SØRENSEN, G. (ed.). *Whose World Order?*: Uneven Globalization and the End of the Cold War. Abingdon: Routledge, 1995.

HULL, C.; BERDING, A. H. T. *The Memoirs of Cordell Hull*. Nova York: Macmillan, 1948.

HUNTINGTON, S. P. The Lonely Superpower. *Foreign Affairs*, Nova York, 1 mar. 1999.

HURRELL, A. Explaining the Resurgence of Regionalism in World Politics. *Review of International Studies*, Cambridge, v. 21, n. 4, p. 331-358, 1995a.

HURRELL, A. Regionalism in the Americas. *In*: FAWCETT, L.; HURRELL, A. (ed.). *Regionalism in World Politics*: Regional Organization and International Order. Oxford: Oxford University Press, 1995b.

IDB – INTER AMERICAN DEVELOPMENT BANK. Argentina exported to Brazil four times more than to the United States. Washington, DC: IDB, 2009.

IGNATIEFF, M. The American Empire. *New York Times Magazine*, Nova York, 1 maio 2003.

JOHNSON, C. A. *Blowback*: The Costs and Consequences of American Empire. Nova York: Henry Holt, 2004.

JORNAL DO BRASIL. Brasil denuncia acordo militar com Estados Unidos. *Jornal do Brasil*, Rio de Janeiro, 12 mar. 1977.

KACOWICZ, A. M. *Zones of Peace in the Third World*: South America and West Africa in comparative perspective. Albany: State University of New York Press, 1998.

KAISER, K. The Interaction of Regional Subsystems: Some Preliminary Notes on Recurrent Patterns and the Role of Superpowers. *World Politics*, Ann Arbor, v. 21, n. 1, p. 84-107, 2011.

KAPLAN, M. A. *System and Process in International Politics*. Colchester: European Consortium for Political Research Press, 2005.

KATZENSTEIN, P. J. *A World of Regions*: Asia and Europe in the American Imperium (Cornell Studies in Political Economy). Ithaca: Cornell University Press, 2005.

KELLY, P. *Checkerboards & Shatterbelts*: The Geopolitics of South America. Austin: University of Texas Press, 1997.

KENGOR, P.; DOERNER, P. C. *The Judge*: William P. Clark, Ronald Reagan's Top Hand. San Francisco: Ignatius Press, 2007.

KENGOR, P. Secrets of Suriname. *National Review Online*, [*s. l.*], 30 abr. 2008. Disponível em: http://www.nationalreview.com/articles/224326/secrets-suriname/paul-kengor. Acesso em: 15 jan. 2011.

KEOHANE, R. O. *After Hegemony*: Cooperation and Discord in the World Political Economy. Princeton: Princeton University Press, 1984.

KEOHANE, R. O. Between Vision and Reality: Variables in Latin American Foreign Policy. *In*: TULCHIN, J. S.; ESPACH, R. H. (org.). *Latin America in the New International System*. Boulder: Lynne Rienner Publishers, 2001.

KEOHANE, R. O.; NYE, J. S. *Power and Interdependence*: World Politics in Transition. Boston: Little Brown, 1977.

KISSINGER, H. *Does America Need a Foreign Policy?* Toward a Diplomacy for the 21st Century. Nova York: Simon & Schuster, 2001.

KOEBNER, R.; SCHMIDT, H. D. *Imperialism*: The Story and Significance of a Political Word, 1840-1960. Cambridge: Cambridge University Press, 1964.

KORNBLUH, P. *Brazil Marks 40th Anniversary of Military Coup. The National Security Archive*, [s. l.], 31 mar. 2004. Disponível em: http://www.gwu.edu/~nsarchiv/NSAEBB/NSAEBB118/index. htm#docs. Acesso em: 1 dez. 2010.

KORRY, E. The Sell-Out of Chile and the American Taxpayer. *Penthouse*, [s. l.], mar. 1978.

KORRY, E. Confronting our Past in Chile. *Los Angeles Times*, Los Angeles, 8 mar. 1981.

KUPCHAN, C. Regionalizing Europe's Security: The Case for a New Mittleleuropa. *In*: MANSFIELD, E.; MILNER, H. (ed.). *The Political Economy of Regionalism*. Nova York: Columbia University Press, 1997.

LAFEBER, W. *The New Empire*: An Interpretation of American Expansion, 1860-1898. Ithaca: Cornell University Press, 1998.

LAFER, C. Brazilian International Identity and Foreign Policy: Past, Present, and Future. *Daedalus*, Ann Arbor, v. 129, n. 2, p. 207-238, 2000.

LAKE, D. A.; MORGAN, P. M. *Regional Orders*: Building Security in a New World. University Park: Pennsylvania State University Press, 1997.

LANGLEY, D. L. *The Banana Wars*: United States Intervention in the Caribbean, 1898-1934. Lexington: University Press of Kentucky, 1985.

LANGLEY, D. L. *America and the Americas*: The United States in the Western Hemisphere. 2. ed. Athens: University of Georgia Press, 2010.

LAMPREIA, L. F. *O Brasil e os ventos do mundo*: memórias de cinco décadas na cena internacional. Rio de Janeiro: Objetiva, 2010.

LATINOBARÓMETRO. *Anual Report 2010*. Santiago: Latinobarómetro, 2010.

LEACOCK, R. *Requiem for Revolution*: The United States and Brazil, 1961-1969. Kent: Kent State University Press, 1990.

LEMKE, D. *Regions of War and Peace*. Cambridge: Cambridge University Press, 2002.

LENIN, V. I. *Imperialism, the highest stage of capitalism*. Nova York: International Publishers, 1933.

LENS, S. *The Forging of the American Empire*. Nova York: Crowell, 1971.

LENS, S. *The Forging of the American Empire*: From the Revolution to Vietnam, a History of U.S. Imperialism. Londres: Pluto Press, 2003.

LEONARD, T. M. *Central America and the United States*: The Search for Stability. Athens: University of Georgia Press, 1991.

LEWIS, M. W.; WIGEN, K. *The Myth of Continents*: A Critique of Metageography. Berkeley: University of California Press, 1997.

LIEUWEN, E. *U.S. Policy in Latin America*: A Short History. Nova York: Praeger, 1965.

LIMA, M. O. *O Movimento da Independência (1821-1822)*. 6. ed. Rio de Janeiro: Topbooks, 1997.

LISKA, G. *Imperial America*: The International Politics of Primacy. Baltimore: Johns Hopkins Press, 1967.

LISKA, G. *Twilight of a Hegemony*: The Late Career of Imperial America. Lanham: University Press of America, 2003.

LIVINGSTONE, G. *America's Backyard*: The United States and Latin America from the Monroe Doctrine to the War on Terror. Nova York: Zed Books, 2009.

LÓPEZ, E. *Seguridad Nacional y Sedición Militar*. Buenos Aires: Editorial Legasa, 1987.

LOWENTHAL, A. F. *Partners in Conflict*: The United States and Latin America in the 1990s. Baltimore: Johns Hopkins University Press, 1990.

LUNDESTAD, G. Empire by Invitation? The United States and Western Europe, 1945-1952. *Journal of Peace Research*, Ann Arbor, v. 23, n. 3, p. 263-277, 1986.

LUNDESTAD, G. *The American "Empire" and other Studies of US Foreign Policy in a Comparative Perspective*. Oxford: Oxford University Press, 1990.

LUNDESTAD, G. *The United States and Western Europe since 1945*: From "Empire" by Invitation to Transatlantic Drift. Oxford: Oxford University Press, 2003.

MacDonald, P. K. (2009). Is imperial rule obsolete? Assessing the barriers to overseas adventurism. *Security Studies*, v. 18, n. 1, p. 79-114, 2009.

MACE, G.; BÉLANGER, L. (ed.). *The Americas in Transition*: The Contours of Regionalism. Boulder: Lynne Rienner Publishers, 1999.

MANSFIELD, E. D.; MILNER, H. V. (ed.). *The Political Economy of Regionalism*. Nova York: Columbia University Press, 1997.

MARES, D. R. Middle Powers under Regional Hegemony: To Challenge or Acquiesce in Hegemonic Enforcement. *International Studies Quarterly*, Ann Arbor, v. 32, n. 4, p. 453-471, 1988.

MARINI, R. M. Brazilian Subimperialism. *Monthly Review*, Nova York, v. 23, n. 9, p. 14-24, 1972.

MARTZ, J. D. Venezuelan Foreign Policy toward Latin America. *In*: BOND, R. D. (ed.). *Contemporary Venezuela and its Role in International Affairs*. Nova York: New York University Press, 1977.

MATTELART, A. *The Globalization of Surveillance*. Cambridge: Polity Press, 2010.

MAY, E. R. *Imperial Democracy*: The Emergence of America as a Great Power. Chicago: Imprint Publications, 1991.

MAYER, F. *Interpreting Nafta*: The Science and Art of Political Analysis. Nova York: Columbia University Press, 1998.

MCCORMICK, R. R. *The American Empire*. Chicago: Chicago Tribune, 1952.

MCGANN, T. F. *Argentina, the United States, and the Inter-American System, 1880-1914*. Cambridge: Harvard University Press, 1957.

MCSHERRY, J. P. *Predatory States*: Operation Condor and Covert War in Latin America. Lanham: Rowman & Littlefield Publishers, 2005.

MECHAM, J. L. *The United States and Inter-American Security, 1889-1960*. Austin: University of Texas Press, 1961.

MELLO, L. I. A. *Argentina e Brasil*: a balança de poder no Cone Sul. São Paulo: Annablume, 1996.

MELLO, L. I. A. *A geopolítica do Brasil e a Bacia do Prata*. Manaus: Editora da Universidade do Amazonas, 1997.

MILLER, L. H. *Regional Organizations and Subordinate Systems*. In the International Politics of Regions. Hoboken: Prentice-Hall, 1970.

MOLINEU, H. U.S. *Policy toward Latin America*: from Regionalism to Globalism. 2. ed. Boulder: Westview Press, 1990.

MOMMSEN, W. J. *Theories of Imperialism*. Nova York: Random House, 1980.

MOTYL, A. J. Why Empires Reemerge: Imperial Collapse and Imperial Revival in Comparative Perspective. *Comparative Politics*, Ann Arbor, v. 31, n. 2, p. 127-145, 1999.

MOTYL, A. J. Is Everything Empire? Is Empire Everything? *Comparative Politics*, Ann Arbor, v. 38, n. 2, p. 229-249, 2006.

MOURITZEN, H. *Theory and Reality of International Politics*. Abingdon: Routledge, 1998.

MUNCK, R. The Democratic Decade: Argentina since Malvinas. *Bulletin of Latin American Research*, Ann Arbor, v. 11, n. 2, p. 205-216, 1992.

MURPHY, G. *Hemispheric Imaginings*: The Monroe Doctrine and Narratives of U.S. Empire, New Americanists. Durham: Duke University Press, 2005.

MYERS, D. J. *Regional Hegemons*: Threat Perception and Strategic Response. Abingdon: Routledge, 1991.

NAPOLEÃO, A. *Rio-Branco e as Relações entre o Brasil e os Estados Unidos*. Rio de Janeiro: Ministério das Relações Exteriores, 1947.

NEW YORK TIMES. Brazil's Old Ruler Dead; Dom Pedro Dies in Paris Early This Morning. End of the Career of the Deposed Emperor – The Result of a Chill Complicated With Diabetes – What He Did for Brazil. *New York Times*, Nova York, 5 dez. 1891a.

NEW YORK TIMES. Dom Pedro and Brazil. *New York Times*, Nova York, 6 dez. 1891b.

NEW YORK TIMES. Brazilian Friendliness. *New York Times*, Nova York, 16 jan. 1908.

NEW YORK TIMES. Aid for Mexico Gives Economy Shot in the Arm. *New York Times*, Nova York, 2 fev. 1995.

NEW YORK TIMES. Negotiators Fail to Agree on Free Trade Proposal at Americas Summit. *New York Times*, Nova York, 6 nov. 2005.

NORDEN, D. L.; RUSSELL, R. *The United States and Argentina*: Changing Relations in a Changing World, Contemporary inter-American relations. Abingdon: Routledge, 2002.

NYE, J. S. *Pan-Africanism and East African Integration*. Cambridge: Harvard University Press, 1965.

O'BRIEN, T. F. *Making the Americas*: The United States and Latin America from the Age of Revolutions to the Era of Globalization. Albuquerque: University of New Mexico Press, 2007.

O'KEEFE, T. A. *Latin American and Caribbean Trade Agreements*: Keys to a Prosperous Community of the Americas. Leiden: Martinus Nijhoff, 2009.

O'NEILL, J. *Building Better Global Economic BRICs*. Global Economics Paper. Londres: Goldman Sachs, 2001.

PADELFORD, N. J. A Selected Bibliography on Regionalism and Regional Arrangements. *International Organization*, Ann Arbor, v. 10, n. 4, p. 575-603, 1956.

PADRÓS, E. S. A ditadura brasileira de segurança nacional e a Operação 30 horas: intervencionismo ou neocisplatinização do Uruguai? *Ciências&Letras*, Porto Alegre, n. 37, p. 227-249, 2005.

PARKER, P. R. *Brazil and the Quiet Intervention, 1964*. Austin: University of Texas Press, 1979.

PASTOR, R. A. *Whirlpool*: U.S. Foreign Policy toward Latin America and the Caribbean. Abingdon: Routledge, 2019.

PEDERSEN, T. Cooperative Hegemony: Power, Ideas and Institutions in Regional Integration. *Review of International Studies*, Cambridge, v. 28, n. 4, p. 677-696, 2002.

PEREZ JR., L. A. Intervention, Hegemony, and Dependency: The United States in the circum-Caribbean, 1898-1980. *The Pacific Historical Review*, Ann Arbor, v. 51, n. 2, p. 165-194, 1982.

PERKINS, D. *The Monroe Doctrine, 1867-1907*. Gloucester: P. Smith, 1966.

PETRAS, J. U.S. Offensive in Latin America: Coups, Retreats, and Radicalization. *Monthly Review*, Nova York, v. 54, n. 1, p. 15, 2002.

PHELAN, J. L. Pan-latinism, French intervention in Mexico (1861-1867) and the genesis of the idea of Latin America. *In*: ORTEGA Y MEDINA, J. A. (ed.). *Conciencia y autenticidad históricas*: escritos en homenaje a Edmundo O'Gorman. Cidade do México: Unam, 1968.

PHILLIPS, N. Hemispheric Integration and Subregionalism in the Americas. *International Affairs* (Royal Institute of International Affairs 1944), Nova York, v. 79, n. 2, p. 327-349, 2003.

PITTMAN, H. T. *Geopolitics in the ABC countries: A Comparison*. 1981. Tese (Doutorado em Relações Internacionais) – American University, Washington, DC, 1981.

POITRAS, G. E. *The Ordeal of Hegemony*: The United States and Latin America. Boulder: Westview Press, 1990.

PREUSSE, H. G. The future of Mercosur. *In*: WEINTRAUB, S.; RUGMAN, A. M.; BOYD, G. (ed.). *Free Trade in the Americas*: Economic and Political Issues for Governments and Firms. Cheltenham: Edward Elgar, 2004.

REAGAN, R.; BRINKLEY, D. *The Reagan Diaries*. Nova York: HarperCollins, 2007.

REUTERS. U.S and Brazil Sign Defense Pact, No Decision on Jets. *Reuters*, Londres, 12 abr. 2010. Disponível em: http://www.reuters.com/article/idUSTRE63B5YV20100412. Acesso em: 19 dez. 2010.

RICARD, S. The Roosevelt Corollary. *Presidential Studies Quarterly*, Ann Arbor, v. 36, n. 1, p. 17-26, 2006.

RIENCOURT, A. *The American Empire*. Nova York: Dial Press, 1968.

RIENCOURT, A. *Imperialists and Other Heroes*: a Chronicle of the American Empire. Nova York: Random House, 1971.

ROBINSON, T. W. Systems Theory and the Communist System. *International Studies Quarterly*, Ann Arbor, v. 13, n. 4, p. 398-420, 1969.

ROETT, R. Brazil Ascendant: International Relations and Geopolitics in the Late 20th Century. *Journal of International Affairs*, Ann Arbor, v. 29, n. 2, p. 139-154, 1975.

ROETT, R. U.S. Policy Toward Mercosur: From Miami to Santiago. *In*: ROETT, R. (ed.). *Mercosur*: Regional Integration, World Markets. Boulder: Lynne Rienner, 1999.

ROHTER, L. Free Trade Goes South With or Without U.S. *New York Times*, Nova York, 6 jan. 1997.

ROHTER, L. South American Trade Bloc Under Siege. *New York Times*, Nova York, 24 mar. 2001.

ROHTER, L. Argentina and the U.S. Grow Apart Over a Crisis. *New York Times*, Nova York, 20 jan. 2002.

ROHTER, L. *Brazil on the Rise*: The Story of a Country Transformed. Nova York: Palgrave Macmillan, 2010.

ROMERO, S. Hemisphere Trade Talks in Miami Are Reported to Hit a Bump. *New York Times*, Nova York, 17 nov. 2003.

ROMPAY, J. V. Brazil's Strategy Towards the FTAA. *In*: VIZENTINI, P. G. F.; WIESEBRON, M. (ed.). *Free Trade for the Americas?* The United States' Push for the FTAA Agreement. Nova York: Zed Books, 2004.

ROSENAU, J. N. The Functioning of International Systems. *Background*, Londres, v. 7, n. 3, p. 111-17, 1963.

ROOSEVELT, T. *An Autobiography*. NovaYork: Charles Scribner's Sons, 1913.

ROOSEVELT, T.; LEWIS, A. H. *A Compilation of the Messages and Speeches of Theodore Roosevelt, 1901-1905*. Nova York: Bureau of National Literature and Art, 1906. v. 2.

RUGMAN, A. M. Economic Integration in North America: Implications for the Americas. *In*: WEINTRAUB, S.; RUGMAN, A. M.; BOYD, G. (ed.). *Free Trade in the Americas*: Economic and Political Issues for Governments and Firms. Cheltenham: Edward Elgar, 2004.

RUSSELL, R.; GABRIEL TOKATLIAN, J. From Antagonistic Autonomy to Relational Autonomy: A Theoretical Reflection from the Southern Cone. *Latin American Politics and Society*, Cambridge, v. 45, n. 1, p. 1-24, 2003.

RUSSETT, B. M. *International Regions and the International System*: A Study in Political Ecology. Westport: Greenwood Press, 1975.

SANCHEZ, A. Chile's Aggressive Military Arm Purchases Are Ruffling the Region, Alarming in Particular Bolivia, Peru and Argentina. *Council on Hemispheric Affairs*, Washington, DC, 7 ago. 2007. Disponível em: http://www.coha.org/chile%E2%80%99s-aggressive-military-arm-purchases-is-ruffling-the-region-alarming-in-particular-bolivia-peru-and-argentina/. Acesso em: 17 set. 2010.

SATER, W. F. *Chile and the United States: Empires in Conflict*. Athens: University of Georgia Press, 1990.

SCHILLING, P. R. *O Expansionismo Brasileiro*: A Geopolítica do General Golbery e a Diplomacia do Itamarati. São Paulo: Global, 1981.

SCHOTT, J. J. *Prospects for Free trade in the Americas*. Washington, DC: Institute for International Economics, 2001.

SCHOULTZ, L. *Beneath the United States*: A History of U.S. Policy Toward Latin America. Cambridge: Harvard University Press, 1998.

SCHULZ, M.; SÖDERBAUM, F.; ÖJENDAL, J. *Regionalization in a Globalizing World*: A Comparative Perspective on Forms, Actors, and Processes. Nova York: Zed Books, 2001.

SCHWARCZ, L. M. *As barbas do Imperador*: D. Pedro II, um Monarca nos Trópicos. São Paulo: Companhia das Letras, 1998.

SEXTON, J. *The Monroe Doctrine*: Empire and Nation in Nineteenth-Century America. Nova York: Hill and Wang, 2010.

SHY, J.; COLLIER, T. W. Revolutionary War. *In*: PARET, P.; CRAIG, G. A.; GILBERT, F. *Makers of Modern Strategy*: from Machiavelli to the Nuclear Age. Princeton: Princeton University Press, 1986.

SICKER, M. *The geopolitics of Security in the Americas*: Hemispheric Denial from Monroe to Clinton. Westport: Praeger, 2002.

SIGLER, J. H. News Flow in the North African International Sybsystem. *International Studies Quarterly*, Ann Arbor, v. 13, n. 4, p. 381-397, 1969.

SIGMUND, P. E. The "Invisible Blockade" and the Overthrow of Allende. *Foreign Affairs*, Nova York, 1 jan. 1974.

SILVA, G. C. *Geopolítica do Brasil*. Rio de Janeiro: José Olympio, 1967.

SILVEIRA, J. X. *A FEB por um Soldado*. Rio de Janeiro: Nova Fronteira, 1989.

SIMONS, M. The Brazilian Connection. *The Washington Post*, Washington, DC, 6 jan. 1974.

SINGER, J. D. The Level-of-Analysis Problem in International Relations. *World Politics*, Ann Arbor, v. 14, n. 1, p. 77-92, 1961.

SOLINGEN, E. *Regional Orders at Century's Dawn*: Global and Domestic Influences on Grand Strategy. Princeton: Princeton University Press, 1998.

SMITH, J. *Unequal Giants*: Diplomatic Relations between the United States and Brazil, 1889-1930. Pittsburgh: University of Pittsburgh Press, 1991.

SMITH, J. *The United States and Latin America*: A History of American Diplomacy, 1776-2000. Abingdon: Routledge, 2005.

SMITH, J. *Brazil and the United States*: Convergence and Divergence. The United States and the Americas. Athens: University of Georgia Press, 2010.

SPROUT, H. H.; SPROUT, M. T. *The Ecological Perspective on Human Affairs*. Princeton: Princeton University Press, 1965.

STEEL, R. *Pax Americana*. Nova York: Viking Press, 1970.

STEPAN, A. C. *The military in Politics*: Changing Patterns in Brazil. Princeton: Princeton University Press, 1971.

STEPHENSON, S. M. New Trade Strategies in the Americas. *In*: MCKINNEY, J. A.; GARDNER, H. S. *Economic Integration in the Americas*. Abingdon: Routledge, 2008.

STEWART, W. Argentina and the Monroe Doctrine, 1824-1828. *The Hispanic American Historical Review*, Durham, v. 10, n. 1, p. 26-32, 1930.

STRATFOR. Members' Policies Spell Mercosur's Demise. *Stratfor*, Austin, 10 out. 2001. Disponível em: http://www.stratfor.com/memberships/3653/analysis/members_policies_spell_mercosurs_demise. Acesso em 9 fev. 2011.

SWEENEY, J. Clinton's Latin America Policy: A Legacy of Missed Opportunities. *The Heritage Foundation*, Washington, DC, 6 jul. 1998. Disponível em: http://www.heritage.org/research/reports/1998/07/clintons-latin-america-policy. Acesso em: 8 fev. 2011.

TEIXEIRA, C. G. P. Brazil and United States: Fading Interdependence. *Orbis*, [*s. l.*], v. 55, n. 1, p. 147-162, 2011.

THE ECONOMIST. Brazil Takes Off. *The Economist*, Londres, 12 nov. 2009.

THE INDEPENDENT. The Rise and Rise of Brazil: Faster, Stronger, Higher. *The Independent*, Londres, 27 set. 2009.

THE WASHINGTON TIMES. Obama: U.S. Supports Rise of Brazil's Economy. *The Washington Times*, Washington, DC, 19 mar. 2011.

THOMAS, D. Y. *One Hundred Years of the Monroe Doctrine, 1823-1923*. Nova York: Macmillan, 1923.

THOMAS, E. *The War Lovers*: Roosevelt, Lodge, Hearst, and the Rush to Empire, 1898. Nova York: Little, Brown, 2010.

THOMPSON, W. T. The Regional Subsystem: A Conceptual Explication and a Propositional Inventory. *International Studies Quarterly*, Ann Arbor, v. 17, n. 1, p. 89-117, 1973.

TINBERGEN, J. *Shaping the World Economy*: Suggestions for an International Economic Policy. Nova York: Twentieth Century, 1962.

TOLEDO, R. P. de. *O presidente segundo o sociólogo*: entrevista de Fernando Henrique Cardoso a Roberto Pompeu de Toledo. São Paulo: Companhia das Letras, 1998.

TUCKER, R. W.; HENDRICKSON, D. C. *The Imperial Temptation*: The New World Order and America's Purpose. Nova York: Council on Foreign Relations Press, 1992.

TURNER, F. C. Regional Hegemony and the Case of Brazil. *International Journal*, Thousand Oaks, v. 46, n. 3, p. 475-509, 1991.

VASQUEZ, J. A. Why Do Neighbors Fight? Proximity, Interaction, or Territoriality. *Journal of Peace Research*, Thousand Oaks, v. 32, n. 3, p. 277-293, 1995.

VEJA. Página negra: as tenebrosas transações do Itamaraty no Chile. *Veja*, São Paulo, 13 nov. 1985.

VEJA. O Brasil diz não. *Veja*, São Paulo, 6 set. 2000.

VILLALOBOS, M. A. *Tiranos tremei*! Ditadura e resistência popular no Uruguai (1968-1985). Porto Alegre: Editora da PUCRS, 2006.

VIZENTINI, P. G. F. The FTAA and US Strategy: A Southern Point of View. *In*: VIZENTINI, P. G. F.; WIESEBRON, M. (ed.). *Free Trade for the Americas?* The United States' Push for the FTAA Agreement. Nova York: Zed Books, 2004.

WAGNER, R. H. Economic Interdependence, Bargaining Power, and Political Influence. *International Organization*, Ann Arbor, v. 42, n. 3, p. 461-483, 1988.

WALLACE, M. D. Clusters of Nations in the Global System, 1865-1964: Some Preliminary Evidence. *International Studies Quarterly*, Ann Arbor, v. 19, n. 1, p. 67-110, 1975.

WALTZ, K. N. *Theory of International Politics*. Nova York: McGraw-Hill, 1979.

WALTZ, K. N. International politics is not foreign policy. *Security Studies*, Abingdon, v. 6, n. 1, p. 54-57, 1996.

WATSON, A. *The Evolution of International Society*: A Comparative Historical Analysis. Abingdon: Routledge, 1992.

WEIDENMIER, M. D.; MITCHENER, K. J. *Empire, Public Goods, and the Roosevelt Corollary*. Cambridge: National Bureau of Economic Research, 2004.

WEINTRAUB, S. *Development and Democracy in the Southern Cone*: Imperatives for U.S. Policy in South America. Washington, DC: Center for Strategic and International Studies, 2000.

WEIS, W. M. Pan American Shift: Oswaldo Aranha and the Demise of the Brazilian-American Alliance. *In*: SHEININ, D. (ed.). *Beyond the Ideal*: Pan Americanism in Inter-American Affairs. Westport: Greenwood Press, 2000.

WELCH, R. E. *Imperialists vs. Anti-Imperialists*: The Debate over Expansionism in the 1890's. Itasca: F. E. Peacock Publishers, 1972.

WENDT, A. Anarchy is what States Make of it: The Social Construction of Power Politics. *International Organization*, Ann Arbor, v. 46, n. 2, p. 391-425, 1992.

WENDT, A. *Social Theory of International Politics*. Cambridge: Cambridge University Press, 1999.

WENDT, A.; FRIEDHEIM, D. Hierarchy under Anarchy: Informal Empire and the East German State. *International Organization*, Ann Arbor, v. 49, n. 4, p. 689-721, 1995.

WESSON, R. G. *The United States and Brazil*: Limits of Influence. Nova York: Praeger, 1981.

WHITAKER, A. P. *The Western Hemisphere Idea*: Its Rise and Decline. Ithaca: Cornell University Press, 1954.

WHITAKER, A. P. *The United States and the Southern Cone*: Argentina, Chile, and Uruguay. Cambridge: Harvard University Press, 1976.

WILLIAMS, W. A. *Empire as a way of life*: an essay on the causes and character of America's present predicament along with a few thoughts about an alternative. Oxford: Oxford University Press, 1980.

WINSLOW, E. M. *The Pattern of Imperialism*: A Study in the Theories of Power. Nova York: Columbia University Press, 1948.

YOUNG, G. B. Intervention Under the Monroe Doctrine: The Olney Corollary. *Political Science Quarterly*, Ann Arbor, v. 57, n. 2, p. 247-280, 1942.

ZAJAC, A. Nixon Offered Brazil Money to Undermine Allende, Records Show. *Los Angeles Times*, Los Angeles, 16 ago. 2009.

ZAKARIA, F. *The Post-American World*. Nova York: W.W. Norton, 2008.

ZARTMAN, I. W. Africa as a Subordinate State System in International Relations. *International Organization*, Ann Arbor, v. 21, n. 3, p. 545-564, 1967.

ZIRKER, D. Brazilian Foreign Policy and Subimperialism During the Political Transition of the 1980s: A Review and Reapplication of Marini's Theory. *Latin American Perspectives*, Ann Arbor, v. 21, n. 1, p. 115-131, 1994.

Conecte-se conosco:

 facebook.com/editoravozes

 @editoravozes

 @editora_vozes

 youtube.com/editoravozes

 +55 24 2233-9033

www.vozes.com.br

Conheça nossas lojas:
www.livrariavozes.com.br

Belo Horizonte – Brasília – Campinas – Cuiabá – Curitiba
Fortaleza – Juiz de Fora – Petrópolis – Recife – São Paulo

  Vozes de Bolso

EDITORA VOZES LTDA.
Rua Frei Luís, 100 – Centro – Cep 25689-900 – Petrópolis, RJ
Tel.: (24) 2233-9000 – E-mail: vendas@vozes.com.br